“十三五”国家重点图书、音像、电子出版物出版规划项目；
2017年度国家出版基金资助项目；
广州市人文社会科学重点研究基地“广州与中外文化交流研究中心”项目；
中山大学西学东渐文献馆项目。

治心免病法

〔美〕乌特亨利／著
〔英〕傅兰雅／译
龚昊　乌媛／校注

南方日报出版社
NANFANG DAILY PRESS
中国·广州

晚清西学丛书

主编：周伟驰　姚达兑

图书在版编目（CIP）数据

治心免病法 /（美）乌特亨利著；（英）傅兰雅译；龚昊，乌媛校注. — 广州：南方日报出版社，2018.6
（晚清西学丛书 / 周伟驰，姚达兑主编）
ISBN 978-7-5491-1825-0

Ⅰ.①治… Ⅱ.①乌… ②傅… ③龚… ④乌… Ⅲ.①神疗法 Ⅳ.①R749.055

中国版本图书馆 CIP 数据核字（2018）第 128398 号

ZHIXIN MIANBING FA
治心免病法

著　　者：（美）乌特亨利
译　　者：（英）傅兰雅
校　　注：龚　昊　乌　媛
出版发行：南方日报出版社
地　　址：广州市广州大道中 289 号
出 版 人：周洪威
出版统筹：谭庭浩
策划编辑：黎　衡
责任编辑：陈　静
装帧设计：邓晓童
责任校对：王　燕
责任技编：王　兰
经　　销：全国新华书店
印　　刷：广州市岭美彩印有限公司
开　　本：889mm×1194mm　1/32
印　　张：5.125
字　　数：110 千字
版　　次：2018 年 6 月第 1 版
印　　次：2018 年 6 月第 1 次印刷
定　　价：38.00 元

投稿热线：（020）87373998-0503　读者热线：（020）87373998-0502

网址：http://www.nanfangdaily.com.cn/press　http://www.southcn.com/ebook

总 序

周伟驰

一、晚清西学东渐的译述时期与转译时期

历史上发生过几次大规模的知识传播运动，表现为大规模的翻译运动，如希腊经典被译为阿拉伯语（百年翻译运动），阿拉伯语的希腊经典被译为拉丁语，印度佛典被译为汉文，日本明治维新后对于西方著作的翻译等。明清之际，西方知识开始向中国传播，虽然中间有过停顿，但西学东渐规模越来越大，在晚清呈现上升趋势，到民国达到一个高潮。改革开放后，更是以前所未有的速度快速进行，目前的态势用“方兴未艾”来形容也不为过。“西学东渐”作为一个过程，跟“中学西传”是一体两面。就西学东渐本身来说，在这个过程中，虽然也有少量著作是撰写的，但主要还是以翻译著作居多，可以说西学东渐是一个翻译的过程。

在明末以来这个生机勃勃的“400年翻译运动”中，晚清占有特殊地位。晚清译介者[1]来源是多种多样的，既有西方传教士也有中国学者，既有教会组织也有政府机构。翻译内容五花八门，从宗教知识到世俗知识，呈现出阶段性的特征。我们可以根据翻译活动的方式是直接翻译还是转译，是合作翻译还是独自翻译，概括地将晚清西学翻译分为两个时期，时间上大致以甲午战争至维新变法为界。甲午战争前是“译述时期”，维新变法失败后是“转译时期”。

[1]本文所说的“西学东渐”是指西方知识在中国的传播，它们有些是通过直接翻译实现的，有些则是由一些人撰写著作实现的。本文重视翻译，但也重视介绍西方知识的著作。一般模糊地称为“译撰”或“译介”，如林乐知、花之安，既翻译又自己撰写、介绍西方的知识。再如一些中国学者，可能在不懂外文或仅是略懂外文的情况下，也编写一些西学著作，如王韬、王炳耀都可以放在西学东渐传播西学范围之下。

从马礼逊来华到甲午战争，翻译者主要是西方传教士及其中国助手，一般情况下是传教士“口译”，中国助手“笔述”。当然，这时期不是没有个别人士可以单独地进行翻译（如颜永京），但总体来说这样的人凤毛麟角，因此，我们可以把这一时期（1807—1898年）称为“译述时期”。这一时期的翻译者如果受雇于教会，则其翻译内容多为宗教类著作；如果受雇于清政府（如江南制造局翻译馆），则其翻译多为军事科技类著作；如果是自立的学会（如广学会），则人文社科类著作会多一些。

“译述时期”大致可分成三个阶段。从1807年马礼逊来华学习中文翻译《圣经》到第一次鸦片战争，为第一个阶段，翻译的主体为传教士及其中国助手，他们主要在中国的广州、澳门以及东南亚一带，翻译的内容主要是宗教书籍，也有一些地理、历史、科技的著作，还办了一些中文杂志。

第一次鸦片战争到第二次鸦片战争，为第二个阶段。这时香港被割让，广州之外，福州、厦门、宁波、上海成为通商口岸，太平天国使得帝国南部陷入战乱。以上海为中心，传教士在各大口岸与其中国助手翻译了一些宗教著作与文化著作，创办了一些中文杂志[1]。

在这两个阶段中，著名的译撰者有马礼逊、米怜、郭士立、麦都思、合信、俾士、湛约翰、罗孝全、艾约瑟、慕维廉、玛高温、伟烈亚力等，与之合作的中国人有李善兰、王韬、管嗣复、张福僖等人。这些传教士所出中文书

---

[1]第一、二个阶段的主要译著，可参考熊月之：《西学东渐与晚清社会》，北京：中国人民大学出版社2011年版，第105—109页及第三章。其出版数据主要依据伟烈亚力《基督教在华传教士纪念录》及苏精《马礼逊与中文印刷出版》。

刊对林则徐、梁廷楠、徐继畬、魏源都有影响，使他们成为第一批睁眼看世界的中国人。较出名的出版中心有宁波华花圣经书房（1860年迁到上海后改名美华书馆）、上海墨海书馆等。

第二次鸦片战争到甲午战争和维新变法期间，为第三个阶段。这一阶段，太平天国被镇压，同光中兴，洋务运动兴起，以传教士为主的西方人士有一些服务于北京、上海、广州、福州、天津等地的清政府机构，与中国助手翻译了大量军事、科技、史地类著作。一些为教会服务的翻译了一些宗教著作。一些有“文化传教”情怀的传教士则创办了广学会这类文化机构，他们办刊、出书，译述了一些社会科学类的著作。西学翻译的中心，在教会方面主要有广学会、益智书会、美华书馆、博济医局、上海土山湾印书馆、金陵汇文书院、福州美华书局，在官方和中国知识分子方面则主要有同文馆、江南制造局翻译馆、天津机器局、天津武备学堂、上海译书公会、农学报社、申报馆等[1]。活跃的口译者有嘉约翰、傅兰雅、金楷理、林乐知、李提摩太、艾约瑟、慕维廉、花之安、韦廉臣、舒高第[2]等人，著名的笔述者则有中国的王韬、沈毓桂、蔡尔康、徐寿、徐建寅、华蘅芳、钟天纬、瞿昂来、李凤苞、任廷旭、范祎等人，能从事独立翻译的有李问渔、颜永京等

---

[1]熊月之列出了主要出版中心书目、京师同文馆译著书目，见熊月之：《西学东渐与晚清社会》，北京：中国人民大学出版社2011年版，第253—254页；江南制造局翻译馆译书目录，见第423—432页；广学会出版西书目录（1900年以前），见第446—447页。

[2]舒高第是中国人，在美国学习过很长时间，中文笔译能力似不甚佳，翻译时尚需助手笔述。

少数几人[1]。他们译介的西方知识对洋务派、维新派、革命派，如李鸿章、张之洞、康有为、梁启超、谭嗣同等人都有影响，西方知识传播者的影响力在维新变法中达到顶峰。

甲午战争的战败意味着洋务运动的失败。向西方学习几乎成了朝野上下的共识，日本因为“同文同种”、路近学费低、现代化成绩较好而获得了梁启超、张之洞等人的青睐，他们认为留学日本学习西学是一个捷径。在他们的提倡下，清政府自1896年开始向日本派出留学生，人数逐年增多[2]。在废除科举的1905年和次年，留日人数达到顶峰，分别是8000人和1.2万人。1898年维新变法失败后逃亡日本的梁启超[3]，加上留日学生，使得从日文“转译西学”大为兴盛，翻译数量快速地超过了“译述时期”[4]，我们可将这一时期（1898—1911年）称为“转译时期”。这不是说在此阶段已没有“译述”和单独直译，广学会、

[1]有些学者认为，晚清条约口岸围绕着当时传教士和清政府的翻译活动，出现了一批了解西学、倾向西学的中国知识分子，参考段怀清：《传教士与晚清口岸文人》，广州：广东人民出版社2007年版；王立群：《中国早期口岸知识分子形成的文化特征：王韬研究》，北京：北京大学出版社2009年版。

[2]黄福庆：《清末留日学生》，台北：“中央研究院”近代史研究所1975年版，第2—3页。

[3]梁启超在去日本之前的西学知识主要来源于译述，流亡日本后他凭借自创的“和文汉读法”，能够阅读日文著作。关于梁启超与明治思想界的关系，可参考狭间直树编：《梁启超·明治日本·西方》，北京：社会科学文献出版社2012年版；狭间直树主讲：《东亚近代文明史上的梁启超》，上海：上海人民出版社2016年版；郑匡民：《梁启超启蒙思想的东学背景》，上海：上海书店出版社2009年版。与梁启超相关的近代中日之间西学概念的翻译与传播，可参考狭间直树、石川祯浩主编，袁广泉等译：《近代东亚翻译概念的发生与传播》，北京：社会科学文献出版社2015年版；石川祯浩：《中国近代历史的表与里》，北京：北京大学出版社2015年版。

[4]实滕惠秀：《中国人留学日本史》，北京：北京大学出版社2012年版，第167—207页。

严复、林纾亦仍在翻译，而只是说，在规模和影响上，这一阶段是以从日文“转译”过来的西学为主。民国后才进入对于西学大规模的“独立直译”阶段。

这一时期译介西学的机构有商务印书馆、译书汇编社、南洋公学译书院、广智书局、作新社、文明书局、会文学社（会文堂书局）、金粟斋译书处、教育世界出版社、新学会社、中国医学会等，翻译的内容侧重于社会科学和史地书籍，而应用科学与自然科学比重减少。译介者大多是留日者，如樊炳清、蔡元培、王国维、范迪吉等。

在“转译时期”，明治时期由日本学者创制的对译西方名词的“和制汉词”大量进入中文，有很多取代了“译述时期”的译法，成为今天我们仍然在应用的主流译词。这可能是自佛教词汇之后最大规模的“外来词”群体。像“哲学”“社会”“文学”“经济”“政治”“宗教”“自由”这类人文社科名词，都是来自和制汉词。这些词的总量在1000个左右[1]，实际数量可能远不止此。由于“转译”在广度和深度上远超此前的“译述”，和制汉词逐渐占据主流，替代了“译述时期”的许多译法，而使汉语基本词汇实现了“急速现代化”[2]。不过，明治和制汉词本身对于日本来说只是一个历史阶段现象。随着日本减少汉字学习，以及用“和制英语”的人越来越多，汉词

[1]周圣来：《美意识的种子：和制汉词对中国现代文学的影响》，香港：香港练习文化实验室有限公司2016年版，第89—93页；和制汉词总表参见第335—341页。

[2]朗宓榭等著：《新词语新概念：西学译介与晚清汉语词汇之变迁》，济南：山东画报出版社2012年版，引言。

及和语逐渐不用或少用[1]，汉字在日本的使用本身呈萎缩状态。但是，明治和制汉词在中文世界中反而站稳脚根。可以说，今天中文世界的翻译已难以离开和制汉词。虽然里面问题很多，但是约定俗成，即使要改良也只能逐步地进行了。

由“译述”逐渐向“转译”发展，这在书目汇编的变化中体现出来了。晚清新书的编目，除了出版者（如广学会）的年报外，比较集中的有：傅兰雅《译书事略》（江南制造局翻译西书事略），《格致汇编》1880年5—8月连载。孙维新《泰西格致之学与近刻翻译诸书详略得失何者为最要论》，本为上海格致书院作业，对140本西书做出比较评价，后刻印出来。梁启超《西学书目表》[2]，《时务报》报馆1896年版，录通商后西书名352种，附表录通商前西书名86种、近译未印书目88种。沈桐生《东西学书录提要总叙》，读有用书斋1897年出版。黄庆澄编《中西普通书目表》，上海算学报馆1898年刻，里面西学部分多取自梁启超《西学书目表》。徐维则编《东西学书录》，1899年出版。这些书目所录的绝大多数是“译述”著作。沈桐生《东西学书录》后来得到顾燮光帮助，顾燮光补充了从日文译为中文的西书，二人合编《增版东西学书录》，1902年出版。赵惟熙编《西学书目答问》，1901年出版。而上海通雅书局在1903年、1904年出版的《新学

[1]周圣来：《美意识的种子：和制汉词对中国现代文学的影响》，香港：香港练习文化实验室有限公司2016年版，第71—73页。

[2]《西学书目表》，1896年质学会重校本。该本前言《西学书目表序例》，亦载《时务报》（第八册），见《时务报》报馆编：《强学报时务报》（第一卷），北京：中华书局1991年版，第488—494页。

书目提要》，编者可能是一群留日学生。顾燮光《译书经眼录》，杭州金佳石好楼1934年印。这些书目中，最齐全的可以说是《增版东西学书录》和《译书经眼录》[1]。从这两本书可以看出，1900年后从日文转译的西学著作已成为当时翻译书的主流，在社会科学著作中占有绝对地位。据不完全统计，1896—1911年，中国翻译的日文书至少有1014种。这个数字远远超过此前半个世纪以来中国翻译西文书数量的总和，也大大超过同时期中国翻译西文书的数量[2]。而其中社会科学著作达366部，法律图书98部，政治图书96部[3]。

上面所说的西学著作多指图书，但是晚清介绍西学的还有一些中文报刊，不少著作都是先在报刊上登出再出单行本的。近代报刊的一般情况，可以参考戈公振《中国报学史》[4]的第三章“外报创始时期”以及美国白瑞华《中国近代报刊史》等[5]。关于这些报刊的详细目录，可以参考《中国近代期刊篇目汇录》[6]。

---

[1]这两个目录被收入熊月之：《晚清新学书目提要》，上海书店出版社2014年版，前言。该书索引亦很有价值。

[2]熊月之：《西学东渐与晚清社会》，北京：中国人民大学出版社2011年版，第509页。

[3]谭汝谦主编：《中国译日本书综合目录》，香港：香港中文大学出版社1981年版。转自滕超：《权力博弈中的晚清法律翻译》，北京：中国社会科学出版社2014年版，第335页。

[4]戈公振：《中国报学史》，上海：上海书店出版社2013年版。

[5]白瑞华：《中国近代报刊史》，北京：中央编译出版社2013年版；赵晓兰、吴潮：《传教士中文报刊史》，上海：复旦大学出版社2011年版。传教士中文报刊对维新派报刊有影响，可参考徐松荣著：《维新派与近代报刊》，太原：山西古籍出版社1998年版。

[6]上海图书馆编：《中国近代期刊篇目汇录》（一），上海：上海人民出版社1965年版。该书于1980年重印。

《西学书目表》《增版东西学书录》和《译书经眼录》，都侧重于科技类与社会科学类译著，许多书被遗漏，比如新教人士的著作。早期新教来华传教士所译撰的著作，可以参考伟烈亚力1967年出版的《基督新教传教士在华名录》[1]；1860年后的新教译撰著作散落各处，近已有人系统整理，如黎子鹏的《中国基督教文字事业编年史：1860—1911》[2]。

二、译述时期的主要译撰者及其观念

从1807年马礼逊来华并准备翻译《圣经》到1911年清王朝覆灭，晚清可以说是经历了一个“百年翻译”运动。如果说最后15年（1896—1911年）是“转译”由无到有到兴盛的过程，那么，在此之前的近90年（1807—1895年）则是“译述时期”。虽然有不少翻译机构，但如果看最活跃的翻译者，我们会惊讶地发现，他们大多是新教传教

[1]Alexander Wylie, *Memorials of Protestant Missionaries giving a List of Their Publications, and Obituary Notices of the Deceased*. With copious Indexes. Taipei: Ch’Engwen Publishing Company, 1967.伟烈亚力著，赵康英译：《基督教新教传教士在华名录》，天津：天津人民出版社2013年版。

[2]黎子鹏编著：《中国基督教文字事业编年史：1860—1911》，香港：基督教文艺出版社有限公司2015年版。

士[1]。译得最多也最有名的，几乎全是传教士[2]，如伟烈亚力[3]、傅兰雅[4]、林乐知[5]、丁韪良[6]、李提摩太[7]、金楷理等人，因为当时愿意来华且愿意从事文化传播的西方人士只有传教士。西方本土的知识分子没有机会、动力和经费来华，中国人也没有主动去请他们。这种局面要等到

[1]有的学者将传教士翻译分为三个阶段：1815—1842年，从南洋创办《察世俗每月统记传》至上海墨海书馆建立；1843—1887年，从上海墨海书馆建立至上海广学会成立；1888—1898年，广学会成立至维新变法失败。并列出了各时期的主要非宗教类著作。参考何绍斌：《越界与想象：晚清新教传教士译介史论》，上海：上海三联书店2008年版，第44—45页及第一章。这种分期法过分以上海为中心，而且太细。其实，无论宗教还是非宗教类书籍，晚清译述是多中心的，上海当然最活跃，但北京、广州、宁波、武汉等地也从未中断过。

[2]改革开放后，对作为中国近代史上重要一环的传教士展开了大规模的翻译和研究。翻译中较为重要的系列是周振鹤教授主编并由广西师范大学出版社出版的“来华基督教传教士传记”丛书，黄兴涛、杨念群主编并由中华书局出版的“西方的中国形象”丛书。此外，亦有不少零散出版的传教士传记。

[3]汪晓勤：《伟烈亚力：中西科学交流的功臣》，北京：科学出版社2000年版。

[4]王扬宗：《傅兰雅与近代中国的科学启蒙》，北京：科学出版社2000年版。傅兰雅在加州大学的全部英文档案已收入戴吉礼编：《傅兰雅档案》，桂林：广西师范大学出版社2010年版。

[5]贝奈特：《传教士新闻工作者在中国：林乐知和他的杂志（1860—1883）》，桂林：广西师范大学出版社2014年版；梁元生：《林乐知在华事业与〈万国公报〉》，香港：香港中文大学出版社1978年版；卢明玉：《译与异：林乐知译述与西学传播》，北京：首都经济贸易大学出版社2010年版。单篇论文当然更多，如查时杰：《林乐知的生平与志事》，载林治平主编：《基督教入华百七十年》，台北：台北宇宙光出版社1977年版。

[6]丁韪良：《汉学菁华》，北京：世界图书出版公司2010年版；丁韪良：《中国觉醒》，北京：世界图书出版公司2010年版。目前关于丁韪良最好的研究著作，可参考王文兵：《丁韪良与中国》，北京：外语教学与研究出版社2008年版。

[7]李提摩太：《亲历晚清四十五年——李提摩太在华回忆录》，天津：天津人民出版社2005年版。他人撰写的李提摩太传记，立场差异较大，主要有丁则良：《李提摩太》，上海：开明书店1951年版；苏慧廉著，山西大学外语学院《李提摩太传》翻译组译：《李提摩太传》，香港：香港世华天地出版社2002年版；苏慧廉著，关志远等译：《李提摩太在中国》，桂林：广西师范大学出版社2007年版（按：后两书实为同一书，译者不同而已）。

“五四”前后杜威、罗素受邀来华方有改变。传教士撰译宗教书籍是其来华的本行和义务，而译介科技、史地、人文社科著作，要么是因为受雇于清政府，要么是被“文化传教”“社会福音”的淑世情怀驱动[1]。如广学会的几位传教士，他们避开了直接传教的做法，也避免只译介实用性的技术，而是通过《万国公报》[2]等报刊和著书立说，对西方文明进行比较全面的介绍，这跟他们背后的一些基本信念有关。

19世纪来华的新教传教士，跟当时的西方人一样，都自觉不自觉地持有西方中心论，认为西方文明要优越于其他文明，西方的政治制度（民主、自由等）要优越于东方。对于他们来说，优越的根本原因是新教优越于别的宗教。这种观点可以称为“新教文明等级观”[3]，主要包括几个信念：从事实来看，西方文明无论在政治、经济、商贸、军事、科技方面都超出非西方文明，非西方文明逐步屈从于西方即真实的证据；追溯西方文明强大的根源，

[1]近代传教士创办的中文报刊情况，可参考赵晓兰、吴潮：《传教士中文报刊史》，上海：复旦大学出版社2011年版。由于传教士是中文报纸的先驱，因此，在晚清早期，其办报史跟中国近代报刊史基本是重叠的。大陆较早系统地研究传教士与晚清现代化关系的，可参考王立新：《美国传教士与晚清中国现代化》，天津：天津人民出版社1997年版。该书于2008年出版第二版。

[2]关于《万国公报》，早期有台湾王树槐和香港梁元生的研究，大陆较系统的研究有王林：《西学与变法：〈万国公报〉研究》，济南：齐鲁书社2004年版（该书根据作者1996年博士论文改编）；杨代春：《〈万国公报〉与晚清中西文化交流》，长沙：湖南人民出版社2002年版。

[3]周伟驰：《晚清新教传教士的文明等级观》，《文景》，2012年第9期。亦见周伟驰：《太平天国与启示录》，北京：中国社学科学出版社2013年版，第276—308页。近来，一些学者对19世纪西方的一般文明等级观及其对中国的影响进行了研究，可参考刘禾主编：《世界秩序与文明等级》，北京：生活·读书·新知三联书店2016年版。

在于基督教，它使西方人有道德，有博爱精神，重团结，乐群，有求知精神，追求知识，在教育、慈善等方面都具有宗教精神；当时的国家富强等级是新教国家（英美德）强过天主教国家（法意西），基督教国家强过中国、印度、日本、土耳其等“半文半野”国家，更强过非洲、南太平洋野蛮人国家，这表明新教要优于天主教，基督教要优于异教；像日本这样的国家之所以进步，是因为吸收了西方“教化”（文明）的长处，当然，它现在还没有学到“教道”（新教）。而拒绝学习西方的国家（如中国和土耳其），则往往面临险境。国家想强盛，就要像日本那样学习西方“教化”与“教道”。与启蒙主义思想家从“自由、平等、博爱”及“科学、民主、道德”等世俗价值观来看文明等级不同，传教士是从宗教的角度来看文明的本质和等级的。广学会的几个主要撰稿人如林乐知、李提摩太、韦廉臣、花之安[1]、艾约瑟、慕维廉、沈毓桂[2]都坚持这个观念。从某个角度上看，他们是马克斯·韦伯之前的“马克斯·韦伯”。

新教文明论的论述，在韦廉臣、花之安、李提摩太等人那里都有具体的论述，但在林乐知、沈毓桂的“三伦说”里得到了集中的表达。它认为，人上要面对上帝，下

[1]对花之安的研究，可参考张硕：《汉学家花之安思想研究》，北京：知识产权出版社2014年版。

[2]易惠莉：《西学东渐与中国传统知识分子：沈毓桂个案研究》，长春：吉林人民出版社1993年版。较早的对传教士个体的介绍可参考顾长声：《从马礼逊到司徒雷登：来华新教传教士评传》，上海：上海书店出版社2005年版。至于艾约瑟、慕维廉、韦廉臣，尚未看到相关的研究专著。在对待基督教与中国文化的高低评估上，传教士虽然总体上扬耶抑儒，但个体存在着程度上的差异，如李提摩太和李佳白较为和缓，林乐知则较为严峻。

要处理万物，中间要对待同类，因此而有神伦、物伦和人伦。只有崇拜真神，才能正确地对待他人，以平等、自由、民主处之，才能正确地对待万物，发展科技，利用厚生。如果说神伦是强调基督教排他一神论，物伦则是要引入西方科技观念，以破除中国人的泛灵论和风水迷信之类阻碍现代化的观念（如风水严重阻碍了修铁路和开矿），那么人伦跟中国传统的人伦有什么不一样呢？在《教会新报》阶段，林乐知尚侧重耶儒在仁义礼智、忠孝节义、戒律上的一致，但随着甲午战争严重暴露中国文化的负面因素，林乐知开始强调新教人伦异于且优越于儒教之处，以美国式的自由、民主、平等来反衬儒教的专制、束缚、愚昧，较为系统地揭露并批判了儒教的负面影响。正如在印度的传教士对印度文化的批判促进了印度知识分子的启蒙主义一样，传教士与中国基督徒对中国文化风俗陋习的系统批判（从男尊女卑、缠足到专制），启发了从康有为、梁启超到新文化运动的文化反思与启蒙主义。

今天，如果我们系统地阅读《教会新报》和《万国公报》上中外作者的文章，就会发现，对中国传统宗教的批判，对皇权、族权、夫权、神权的批判，对国民性的批判上，以及提倡白话文、汉字拼音化，在晚清已经全面展开，只不过用词没有那么激烈。他们的这种反思与批判，可以称为近代第一波启蒙主义运动。如果说陈独秀、鲁迅、胡适等人是以现代西方科学民主思想来批判中国传统文化，那么这第一波启蒙主义运动就是以现代新教思想[1]来批判中国传统文化。

西学对晚清各方面，尤其对政治和思想方面，一直持续发挥着影响。从林则徐、魏源、徐继畬到洪仁玕和冯桂芬这样的新式思想家，一步步地向前深化，直到在戊戌运动中达到高潮。康有为、梁启超、谭嗣同[2]等人受李提摩太、林乐知的影响是十分显著的[3]，他们的许多改革建议、新知识和新思想，直接来源于广学会、江南制造局翻译馆的著作[4]。经过义和团运动的反西方文明后，清朝痛定思痛，决定实行君主立宪，不仅西学在“转译”中迎来新一波高潮，连民教关系也在双方的反思和克制下开始缓和，基督教迎来一个平稳增长期。西学不仅对经世派、改良派、洋务派、维新派有影响，对一早一晚以洪秀全和孙中山为代表的反清人士亦有影响。太平天国与基督教的

[1]现代新教思想是在基督教的视野下容纳科学与民主，它跟苏格兰启蒙、英美温和的改良传统有关，它并不认为基督教与科学、民主是矛盾的。这种兼容论的思想视野，在民国初期的赵紫宸那里都还存在。而新文化运动的主导方向则是排除了信仰的科学与民主，近似于法俄无神论与世俗化传统。

[2]张灏：《烈士精神与批判意识：谭嗣同思想的分析》，北京：中央编译出版社2016年版，第45—51页。朱维铮先生在谈到西学对谭嗣同的影响时说：“谭嗣同非但同意彻底西化，甚至像王韬一样，以为西方列强侵略中国是好事，可以加速中国的革新。”参考李天纲编校：《万国公报文选》，上海：中西书局2012年版，第24页。

[3]王树槐：《外人与戊戌变法》，上海：上海书店出版社1998年版（原书于1965年在台湾出版）；梁元生：《林乐知在华事业与〈万国公报〉》，香港：香港中文大学出版社1978年版；房德邻：《〈万国公报〉与戊戌变法》，《北京师范大学学报》，1986年第6期。

[4]强学会办的《万国公报》（与上海《万国公报》同名）和《中外纪闻》，许多内容即直接转自传教士所办刊物。关于维新派所办报刊的一般情况，可参考徐松荣：《维新派与近代报刊》，太原：山西古籍出版社1998年版。

关系甚深，尤其深受《圣经》《劝世良言》的影响[1]。孙中山早年自命“洪秀全第二”，1894年他曾在《万国公报》上发表《上李傅相书》[2]，改良不成后，决定采取革命方式再造中华，其早期追随者与起义人员中多为基督教徒[3]。这是因为他们受到西方现代思想的影响，具有了新的世界观和价值观，不能再忍受清朝的腐败统治。在晚清，香港、广东、上海等沿海地区和海外，中国基督教徒已呈现网络状分布，通过与西方基督教世界的连接，他们中间正酝酿着一些新的思想和人群、改造社会和国家的力量，也酝酿着新世界各行业的领袖[4]。

梁启超在关于明清学术思想史的著作[5]中，对西学的影响和意义做了高度评价。但是，后来者在撰写中国近代史时，由于种种原因，对于晚清西方人士如何译介西学，将新的思想和观念传递给中国知识分子（口岸文人），并通过他们的笔影响到中国思想界，进而影响到中国历史，整体上的研究尚不足。比如，桑兵主编的近800页的巨著

[1]可参考周伟驰：《太平天国与启示录》，北京：中国社会科学出版社2013年版。

[2]李天纲编校：《万国公报文选》，上海：中西书局2012年版，第269—279页。

[3]梁寿华：《革命先驱：基督徒与晚清中国革命的起源》，香港：香港宣道出版社2007年版；李志刚：《洪秀全与孙中山对耶儒的认识》，载《基督教与中国近代文化》，香港：香港基督教文艺出版社2009年版；李志刚主编：《辛亥革命与香港基督教》，香港：香港基督教文艺出版社2009年版。

[4]罗元旭：《东成西就：七个华人基督教家族与中西交流百年》，北京：生活·读书·新知三联书店2014年版。讲述了上海互有姻亲关系的七大基督教家族的崛起历史。其实，在香港、广东、福建也有不少这样的基督教世家。

[5]梁启超：《论中国学术思想变迁之大势》，上海：上海古籍出版社2001年版，第135—136页；梁启超：《清代学术概论·儒家哲学》，天津：天津古籍出版社2003年版，第85—87页；梁启超：《中国近三百年学术史》，天津：天津古籍出版社2003年版，第30—31页。

《近代中国的知识与制度转型》[1]，就很少谈到晚清译述带来的知识变化，而直接从日本的影响开始。相比之下，《剑桥中国晚清史》[2]，则用了《1900年以前的基督教传教活动及其影响》一章专门讨论这种影响，显得比较平衡。

在资料上，与明清时期西学东渐重要文献逐渐得到系统出版[3]不同，晚清西学文献（包括宗教文献）一直没有得到系统整理出版，相关著作的出版只能比较孤立而零散地进行。比如，在人文社科书籍方面，上海书店出版社2002年“近代文献丛刊”出版过晚清几本产生过重要影响的西学书，如李提摩太译《泰西新史揽要》、花之安编著《自西徂东》、林乐知译《文学兴国策》、丁韪良译《万国公法》、傅兰雅译《佐治刍言》等。上海科学技术文献出版社2012年出版了《江南制造局译书丛编》，将当年江南制造局翻译馆的译著予以出版，除了工程类书籍外，还选了较有思想性的“政史类”书籍，收入《佐治刍言》《列国岁计政要》《西美战史》《俄国新志》《法国新志》《埏纮外乘》《四裔编年表》《各国交涉公法论》《各国交涉便法论》《公法总论》《美国宪法纂释》《欧

---

[1]桑兵主编：《近代中国的知识与制度转型》，北京：经济科学出版社2013年版。

[2]费正清编，刘广京译：《剑桥中国晚清史》，北京：中国社会科学出版社2006年版。

[3]最近代表为张西平等主编：《梵蒂冈图书馆藏明清中西文化交流史文献丛刊》（第一辑），郑州：大象出版社2014年版。它基本涵盖了以往相关的出版物。另可参考钟鸣旦等编：《法国国家图书馆明清天主教文献》，台北：台北利氏学社2009年版；周岩编校：《明末清初天主教史文献新编》，北京：国家图书馆出版社2013年版。黄兴涛、王国荣编：《明清之际西学文本》，北京：中华书局2013年版。

洲东方交涉记》《英俄印度交涉书》《东方时局论略》等。2014年，上海书店出版社影印出版了全套《万国公报》，在清晰度上超过了当年曾普惠于学界的台版《万国公报》。在宗教类书籍方面，最近几年，上海大学陶飞亚教授对近代基督教（包括新教）文献的总量和馆藏情况做了一个系统摸底，取得了很大成就，可以作为以后出版的一个路线图。在港台，一些新教传教士的著作开始得到搜集、整理和出版，郭士立、丁韪良、米怜、宾为霖、理雅各、杨格非等人的中文著作选集开始出现[1]。

不过，跟晚清西学的总量相比，这只是沧海一粟。仅仅由广学会出版的著作，当年数千卷著作中，今日有机会重出的也是寥寥无几。

我们出版这套“晚清西学”丛书，是希望能搜集、整理出一些具有代表性的晚清西学译撰著作，填空补缺，为还原晚清思想的全貌做一些添砖加瓦的工作。我们希望能促进对晚清西学的研究和重新评估，将之作为明末清初至今完整的“西学东渐”上的重要一环，予以独立的突显。

三、广东在晚清西学东渐中的地位

鸦片战争之前，广州是清朝对外开放的唯一港口，也因此是西学东渐的唯一口岸。以新教传教士为代表的

[1]周联华主持，曾庆豹、吴昶兴主编的“汉语基督教经典文库集成”系列，在香港橄榄出版有限公司出版，已出版的晚清传教士文献有黎子鹏编注：《晚清基督教叙事文学选粹》（2012年）、《赎罪之道传：郭实猎基督教小说集》（2013年）、《天道溯源：丁韪良基督教作品选粹》（2013年）。

具有现代知识的西方人士，都是先到广州[1]，如马礼逊、裨治文、卫三畏等人；鸦片战争后，香港被割让，上海、厦门、福州、宁波开放后，西方人士才逐渐分头奔向这些沿海城市。在很长一个时期内，广州在西学东渐中占有优势，但后来逐渐被上海赶超。关于广州为何被上海赶超[2]，以及何时被上海超过，曾经有过讨论。一个主要的可能原因是，鸦片战争后，按《南京条约》的规定广州应对英国人开放，但广州人抗拒，前前后后拖了十五年[3]，正是在这一时期，一些西方人士开始从广州迁往上海，广州西学人才外流。虽然如此，广州也仍旧是近代文化中一个极其重要的中心点。广东人容易接受新的生活方式和思想观念。反观一下中国近现代史就能知道，从太平天国起，“南风北吹”跟“西学东渐”几乎是同步的。这种态势甚至持续到改革开放的今天。

在近代报刊创办上，广州领先一步。广州原为清朝唯一通商口岸，早期来华西方人士为让西方人了解中国而创办了一些英文期刊，同时又创办了一些中文报刊，一是为了向中国人传教，二是为了让中国人了解西方，促进文化交流，增加西方文明对中国人的影响。中文报刊中，较为

[1]梁碧莹教授介绍了跟广州关系密切的20多位美国人，其中有一小半是传教士。参考梁碧莹：《美国人在广州：1784—1912》，广州：广东人民出版社2014年版。雷雨田主编：《近代来粤传教士评传》，上海：上海百家出版社2004年版。晚清来华传教士介绍了马礼逊、郭士立、米怜、麦都思、裨治文、卫三畏、伯驾、嘉约翰、罗孝全、理雅各、合信、明稽章。

[2]熊月之：《西学东渐与晚清社会》，北京：中国人民大学出版社2011年版，第167—168页。

[3]王毅：《皇家亚洲文会北中国支会研究》，上海：上海书店出版社2005年版，第4—5页。

连贯且有影响的，包括《东西洋考每月统记传》《察世俗每月统记传》《遐迩贯珍》，都是在广州、香港与南洋创办的。后来，上海和北京的发展速度超过广州，《六合丛谈》《格致汇编》《万国公报》均在上海创办，《中西闻见录》则在北京创办。维新时期京沪涌现了一些报刊，如《中外纪闻》《强学报》《时务报》等。同一时期在广州也有一些新的报刊，但是影响力主要在南方和南洋一带。

西方知识也以著作的形式在广东出现。1834年，西方人士在广州成立了“在华实用知识传播会”（Society for the Diffusion of Useful Knowledge in China），裨治文和郭士立（郭实腊）是其中主力。该会出版的著作包括：郭士立《大英国统志》（1834年）、郭士立《古今万国纲鉴录》（1838年）、《犹太国史》（1839年）、《贸易通志》（1840年）、《万国地理全集》（1838年）、郭士立主编《东西洋考每月统记传》（1837—1838年）、裨治文《美理哥合省国志略》（1838年）、罗伯聃《意拾喻言》（1838年）、裨治文《广东方言撮要》（*Chinese Chrestomathy in Canton Dialect*）[1]。1843—1860年之间，西方人士在广州出版的中文书刊，除了《圣经》、传教小册子、词典和年鉴外，还主要有裨治文《亚墨理格合众国志略》（1844年）、合信《天文略论》（1849年）、合信《全体新论》（1851年）、哈巴安德《耶稣教要理问答》（1851年）和《耶稣正教问答》（1852年）、合信《博物新编》

[1]沈国威：《打造专业术语：以19世纪的英汉词典为中心》，载朗宓榭等著：《新词语新概念：西学译介与晚清汉语词汇之变迁》，济南：山东画报出版社2012年版，第299页。

（1855年）、湛约翰《上帝总论》（1856年）、俾士《地理略论》（1859年）、纪好弼《醒世要言》（1859年）和《真教问答》（1859年）、嘉约翰《经验奇症略述》（1860年）等[1]。鸦片战争后，原在广州的一些西方人士逐渐转移到上海。1857年，裨治文、卫三畏、艾约瑟、雒魏林等18人决定成立"上海文理学会"，后来它成为皇家亚洲文会北中国支会[2]。上海的西方人士办报著书的越来越多，使上海成为传播西学的最大中心，但广东仍有叶纳清（1864年去世）、花之安（1839—1899）等人在从事译撰活动。花之安于1886年去上海，但其主要著作是在广东时完成的。

广州作为晚清最重要的西学中心之一，其西学传播从来就没有停止过。上文显示，在广州及广东的西学著作以宗教类和医学类为突出，马礼逊、梁发、合信、嘉约翰都是显著者。一些用粤语翻译的文学著作，如《天路历程》、《人灵战纪》、《辜苏历程》（即《鲁滨孙漂流记》），在粤语文学中有一席之地，可视为《虾球传》的先驱。即便在近代国际公法方面，也是广州的伯驾节译瓦泰尔《国际法》在前[3]，丁韪良翻译惠顿《万国公法》在后。

由于开放最早，广东得风气之先，其西学视野领先内地一步，不少广东人从事西学的介绍或引进。如鸦片战

[1]熊月之：《西学东渐与晚清社会》，北京：中国人民大学出版社2011年版，第129—130页。

[2]王毅：《皇家亚洲文会北中国支会研究》，上海：上海书店出版社2005年版，第11—13页。

[3]谭树林：《美国传教士伯驾在华活动研究：1834—1857》，北京：群言出版社2010年版，第179页。

争前，对西方最了解的中国人是梁廷楠，他著有《海国四说》《夷氛纪闻》等。跟随马礼逊和米怜学习的梁发，其《劝世良言》直接影响了太平天国运动。洪仁玕在香港与传教士韩山文、理雅各等人交往，阅读他们出版的中文著作，使他能够写出中国近代第一个现代化纲领《资政新篇》。再如跟德国人关系密切的东莞世族王家，第一代王元深是郭士立的弟子，王元深之子王炳耀和王炳堃跟叶纳清、花之安等人有师承关系，交往密切，王炳耀与孙中山也有深厚友情，其子王宠惠后来成为民国外交部长和总理，他们都有西学著译问世。再如南海人何进善（福堂），他是理雅各在马六甲任教于英华书院时的学生，著有宗教书多部，其子何启是维新派思想家，女婿伍廷芳曾任清廷驻美公使和民国外交总长。像王元深、何进善这样的世家尚有不少。至于郑观应、康有为、梁启超、黄遵宪等思想家，张荫桓、何如璋等具有新思想的官员就不多说了。甚至康有为的弟子、创办孔教会的高要人陈焕章，也到美国拿了一个博士学位（1911年），其英文著作《孔门理财学》还被马克斯·韦伯引用过。其对儒教的认识已经是在全球化的视野中，含有与西学比较的问题意识，跟传统的儒家大为不同。广东人久在西学熏染中，自觉不自觉地以西学促中学，以中学解西学，融会贯通，创立新学。康有为之参照基督教创立孔教就是一例。

四、编选说明

我们这套丛书，选取了晚清西学中较重要的一部分进行校注。在“西学”范围上，我们不做严格限定，而大致指跟泛称“西方”有关的知识和思想。在时间方面，我们所说的“晚清”，限定在1807—1911年之间，若有个别作品或作者实在重要而延伸至明末清初或民国，也可做灵活的处理。比如，某些译者或作者的选集文章发表时代横跨清朝、民国两个时期。在地域方面，凡是以汉文译撰的著作，不管它们是在南洋、港澳或内地产生的，都可以入选。在作者方面，不管是西方人还是中国人，是直接翻译还是借鉴后独创，都可以入选。由于是立足于广州和广东，我们会侧重广东的西学传统。

我们选书的考虑，大致有如下几个方面：

第一，对晚清思想界和社会产生过影响的西学著作，比如，影响过晚清经世派、洋务派、维新派、革命派甚至保守派的著作。产生影响的译撰著作不一定是在西方本身重要的著作，但在当时晚清的形势下，它们影响了很多中国人，甚至改变了中国的历史进程。如《佐治刍言》《泰西新史揽要》《百年一觉》《大同学》《中东战纪本末》《中西关系略论》《治心免病法》《西学略述》《列国变通兴盛记》《时事新论》《西学考略》《格物探原》等。

第二，有些书的影响较小或几乎没什么影响，但它们在西方本身有重要的历史地位，也有永久的价值，因此是值得重视的，如哲学名著培根的《格致新机》（即《新工具》）[1]，以及一些文学名著，如《天路历程》《鲁滨孙漂流记》等。这些名著在民国还有不同的译本，甚至直到

[1]邹振环：《影响中国近代社会的一百种译作》，北京：中国对外翻译出版公司1996年版，第80—87页。该书较详细地介绍了《谈天》《重学》《佐治刍言》《心灵学》《泰西新史揽要》《治心免病法》《文学兴国策》《百年一觉》等书。

今天还在产生新的译本。回过头去看晚清的译本，一些词语和概念的不同译法，显得别有一番风味。

第三，还有些是因为晚清译本提供了另一种翻译的可能性，具有语言考古价值。晚清译述出现在日语转译之前，译撰者尚未受到和制汉词的影响，而根据汉语自身的规则与历史进行翻译，因此为今日西学的翻译提供了另外的可能性。比如颜永京、丁韪良关于心理学的著译，艾约瑟、傅兰雅关于政治经济学的著译，里面很多关键词语的译法跟现代汉语译法（大部分为和制汉词）颇为不同，值得玩味。这就如同在文学上，新文化运动掀起白话文革命之初，涌现了很多种白话文的可能性，在今天语言越来越趋于统一和相同的情况下，回过头去考察白话文革命之初的种种表达方式，有可能敞开新的空间一样。在一种语言的构成中，词语是基本细胞，作为思想的直接现实，语言意味着思想的界限，重新审视汉语革命的历史，也就是对现代思想史的一种反省。近年来，学界对中国哲学史、思想史有过反思和争论，如现代中国人用"现代汉语"来研究中国古代"哲学"等，是否等于"汉话胡说"，是否在"以西解中"？对于近代以来学科的分类、变迁，基本词语和概念的巨大变革，我们可以借由对这些处于变革前夜的晚清西学译著典籍的"渐变"所进行的微观考察，来重新把握和理解现代中国人思维内容与方式变革的过程，也对诸如"自由""哲学"这类重要译词是否能准确表达西文原词展开反思和探讨。与此相关，对于一些在和制汉词中传过程中起到了重要作用但今天很少被人提起的转译本，我们也会予以注意。比如王国维翻译桑木严翼的《哲学概论》、元良勇次郎的《心理学》及《伦理学》等等，就既对王国维本人的思想发展起过作用[1]，也对哲学类和制汉词进入中文世界有所影响。在译述和转译之间，相对来说，我们会侧重于译述时期的译撰著作。

第四，虽然我们所理解的“西学”是广义的西学，但由于出版数量有限，我们会侧重于考虑各领域的代表作。比如天文学，晚清相关著译是相当多的，我们可能只选最早也最具代表性的伟烈亚力和李善兰译述本《谈天》，以及他们两人译述的《几何原本》和《代数学》，艾约瑟和李善兰译述的《重学》，合信编译的《博物新编》。当时有开创性的植物学、动物学等自然科学著译也将酌情选入，当然，如果今天其他出版社已有出版，我们会尽量避免重复[2]。晚清历史、地理的著译相当多[3]，我们也只选有代表性的。在人文社会科学方面，可以考虑比较中英法律、详细介绍英美陪审团制度的哲美森《华英谳案定章考》，中国人介绍英法政治制度的刘启彤《英政概》《法政概》，徐建寅《德国议院章程》，李佳白比较各国政治制度的《列国政治异同考》，详细介绍美国宪法的林乐知《环游地球略述》，以及舒高第、郑昌棪译述的《美国宪法篡释》（1907年）等。在西方思想的译介上，虽然只是到了“转译时期”才大盛，但译述中也有不少，比如李提摩太和马林对社会主义的介绍，尤其是马林发表在《万国

[1]可参考佛雏：《王国维哲学译稿研究》，北京：社会科学文献出版社2006年版。

[2]韦廉臣、艾约瑟口译，李善兰笔述：《植物学》，上海：上海交通大学出版社2014年版。该书原于1858年由上海墨海书馆出版，拟定了许多专有名词，对后世有影响。该书此次是作为刘华杰主编的“博物学文化”丛书中的一本出版的。

[3]艾约瑟译的《希腊志略》《罗马校略》得到出版，参考陈德正、韩薛兵校注：《〈希腊志略〉〈罗马志略〉校注》，北京：商务印书馆2014年版。

公报》上含有基督教社会主义成分的关于地租、公正、平等的文章，对孙中山等人产生过影响。在宗教方面，宣教著作我们不会选，但比较有特色或者有历史价值，或者在今天仍有比较宗教、比较经学和比较神学意义的少量译撰著作，会适当选入。韦廉臣、艾约瑟对古埃及、波斯、希腊、罗马的宗教情况做了较多的介绍。在哲学思想等方面，艾约瑟、林乐知等人介绍了古希腊、古罗马和中世纪哲学，林乐知的包含十四本书的《自历明证》丛书，就详细介绍了基督教八大教父中的两位即奥古斯丁和金口约翰的生平与学说，以及日本明治维新时期同志社大学的创办人新岛襄的传记，其篇幅在中文世界里都是前无古人的。在文学方面，比如艾约瑟对弥尔顿、库柏诗歌的译介，都堪称最早。

第五，如前所说，广州在晚清西学东渐中有特殊地位，西学对广东敢为天下先的近现代文化有着潜移默化的影响，并随着广东人走向全国而在全国产生影响。我们将选择有广东特色的译撰著作，包括方言作品，以呈现一个鲜活的广东近代西学传统。

第六，虽然晚清西学著译不少，但我们侧重于以往不太受重视和整理的那些著作，而对于已得到很好整理、校注或市面上易得的著作，如严译、容闳的《西学东渐》等，则尽量避免重复，因此我们的选择含有一种“补遗”的意味，以呈现一个更丰富、更立体、更多面的历史。

五、致谢

在倪梁康教授的主持下，中山大学在2006年成立西学东渐文献馆，搜集、整理西学东渐文献与资料，并定期出版《西学东渐研究》，目前主要有法国籍的梅谦立教授做明清天主教文献研究，倪教授本人做唯识学和现象学的比较研究。我本科毕业于中山大学哲学系，中山大学是我的母校，我跟中山大学有特殊的情谊。近些年我在做晚清新教研究，涵盖的范围从太平天国到广学会和康有为、梁启超维新派之关系，正属于“晚清西学东渐”范围。因我父母在广东，每次我回家探亲，都会去看望在中山大学的师友，如哲学系的陈立胜老师和中文系的新进学者姚达兑。姚达兑是80后学者，他对近代西方文学的中译颇有研究，对出版晚清西学很有兴趣。2015年夏天，我与陈立胜老师拜见倪梁康教授，谈起西学东渐，说起我和姚达兑约了几个海内外同人想做晚清西学校注，只是出版资金一时遇到困难。倪教授听闻后，觉得此事有益于西学东渐研究，也有益于社会和学界，乐意促进此事，于是决定将这套丛书置于西学东渐文献馆的项目当中，通过广州市人文社会科学重点研究基地“广州与中外文化交流研究中心”及广州市科创委“西学东渐与广州21世纪海上丝绸之路”专项基金的经费予以资助。我们决心放眼长远，编出一套有参考价值的丛书。

晚清西学的校注与普通古籍的校注尚有不同，在文言之外，尚有外语（英法德日）及西学知识的问题，校注起来有额外的难度，相关人员寻找起来非常不容易。为找到这套丛书每本书的校注者，姚达兑和我可没有少在网上和微信上讨论。最后，对丛书第一辑的校注，我们找到了几位学贯中西、学养上佳的年轻学者，他们都是海内外名校毕业的博士，有的长期从事中西文化比较的工作，堪称

“合适的人做合适的事”。

此项计划的完成，有赖于一些机构和个人的帮助。尤其是以下机构：中山大学西学东渐文献馆、广州与中外文化交流研究中心、“十三五”国家重点图书出版规划、国家出版基金和“西学东渐与广州21世纪海上丝绸之路”专项基金；以下个人：中山大学哲学系教授倪梁康，南方日报出版社编辑黎衡，以及加盟本项目校注工作的学者肖清和、马永康、赵璐、张洪彬、李彬、王雨、龚昊、孙若圣、韩晓、葛小辉、窦新光、杨汤琛、叶杨曦和陈思行等。姚达兑在联系校注者和出版社方面付出了大量劳动，很多实际的工作也是他在做，在此我要特别感谢他。希望我们的丛书能够有益于读者与学术界，越做越好。

2017年6月26日

《治心免病法》导读

龚昊　乌媛

葛兆光先生曾说过这样一段话：

> 有些思想史上并不占有一段或半页的东西却有可能真的在思想史上深深地留下过印迹，像……被傅兰雅翻译过来的《治心免病法》，由于后来没有被追认，在思想史上找不到它的踪影，其实在那时，它们的魔力决不是现在人可以想象的……虽然只是探索心理与疾病、精神健康与宗教信仰，可是我们在晚清的那些第一流知识者的日记、书信、文章中却看到它的启迪似乎超出了它的内容，不仅被宋恕当作印证内典的文献，要列入学堂里当作教科书，甚至还相当深刻地影响了思想史上总是占有极高位置的谭嗣同《仁学》[1]。

那么，这本现在已经默默无闻、却在中国思想史上留下了自己独特印迹的《治心免病法》，究竟是本什么样的书呢？这次为这本书做校注，主要目的当然是整理和保存史料，但出于个人的兴趣，我们也很想探究一下这个问题。因此在做校注时，我们并没有把精力全部放在《治心免病法》这个译本之上，而是找来了原书以及相关的一些资料，打算追寻这本书的翻译和传播过程，加深对这本书的内容和思想的理解，再在此基础上进行校注工作，将我们的探究成果融入注释中。然而现实总是非常骨感，开始动手之后，我们很快就认识到，问题的复杂性超过了我们的处理能力。最后我们只能借导读，将原书、译本的情况

[1]葛兆光：《中国思想史》（导论卷），上海：复旦大学出版社2001年版，第12页。

及其对谭嗣同的影响大致交代一下，以使读者在细看文中注释时不至于毫无头绪。

《治心免病法》为*Ideal Suggestion through Mental Photography：A Restorative System for Home and Private Use*（简称为*Ideal Suggestion*）的中译本。我们认为这本书的主旨其实并不是“探索心理与疾病、精神健康与宗教信仰”，而是想要传播一种新生的、混合式的宗教思想。

原书初版于1893年，作者是一位美国人，名叫乌特亨利（Henry Wood，1834—1909[1]）。乌特亨利居住在波士顿，是位颇为成功的商人，虽然不曾大富大贵，但家产很殷实。然而在54岁时，他患上了严重的神经衰弱，这场疾病给他的人生带来了重大转折。为了治病，他四处求医，都无功而返。最后他遇上了几位来自一个“精神治疗运动”（the mental-healing movement）的治疗者，并在他们的帮助下恢复了健康。因为这个机缘，乌特亨利对这场运动产生了兴趣，开始阅读他们的书籍，学习他们的理论，最终全身心投入这场运动之中。他不但以自己的财力为运动提供物质援助，还亲自动手撰写书籍宣扬运动的教导和原则。他的活跃使他成为这场运动前期的中心人物之一。后来，这场运动获得了一个正式的名字——“新思想运

[1]乌特亨利的卒年在http://henrywood.wwwhubs.com上记为1908年，但*A History of the New Thought Movement*中记载他去世于1909年3月28日，见Horatio W. Dresser, *A History of the New Thought Movement*. Sioux Falls: NuVision Publications, LLC. 2008. p.84. 另，尚新建在他所译的《宗教经验种种》中也将乌特亨利的卒年记为1909年，见威廉·詹姆斯著，尚新建译：《宗教经验种种》，北京：华夏出版社2008年版，第70页，注释3。由于缺少第一手资料作为判断依据，此处暂且将乌特亨利的卒年记为1909年。

动”（the New Thought Movement）[1]。乌特亨利不遗余力地传播新思想运动，与他同为新思想运动健将的霍雷肖·W. 德雷塞（Horatio W. Dresser，1866—1954）称赞他的作品更为理性地表达了新思想运动的理念。同时，德雷塞称赞他为新思想运动的头号博爱主义者[2]。

所谓新思想运动是19世纪后半期时产生于美国的一种以重视灵性[3]为特征的新兴宗教运动。这场运动的参与者声称他们遵循的是菲尼亚斯·帕克赫斯特·昆比（Phineas Parkhurst Quimby，1802—1866）的教导。按照德雷塞所说，昆比“出生在新英格兰[4]的一个小镇上，终生没有离开过新英格兰，在他生前，他的工作几乎不为缅因州之外的人所知”[5]。他家境贫寒，没有受过充分的教育，但他有很强的探究和实践精神，他对进行科学研究有着浓厚的兴趣，曾有过几项获得专利权的技术发明，这也使他对自己的实践经验产生了过度的依赖。在宗教信仰上，他没有

[1]在19世纪90年代以前，新思想系团体并没有统一的术语用来指代他们的思想体系。19世纪90年代以后，各团体都逐渐开始接受“新思想”一词，认为这个词表明了他们的思想体系与以往的宗教思想和医疗理论截然不同，此后，这场运动就被称为“新思想”或“新思想运动”了。见Horatio W. Dresser，*A History of the New Thought Movement*. Sioux Falls：NuVision Publications，LLC.2008.p. 77-79.

[2]Horatio W. Dresser，*A History of the New Thought Movement*. Sioux Falls：NuVision Publications，LLC.2008.p. 83-84.

[3]spirituality一词过去常被翻译为“精神性”而不是“灵性”，但至少对于本书而言，“精神性”的译法不适用。因为本书中的spirituality指的是人类精神当中最深层的部分，这个部分与神在本质上是一致且相互联系的，而理性、感觉等虽然属于精神的范畴，却不属于spirituality的范畴，因此本书采用“灵性”的译法。

[4]新英格兰指美国东北部的六个州：缅因州、佛蒙特州、新罕布什尔州、马萨诸塞州、罗得岛州、康涅狄格州。昆比出生于新罕布什尔州的黎巴嫩，两岁时全家搬到缅因州的贝尔法斯特定居。

[5]Horatio W. Dresser，*A History of the New Thought Movement*. Sioux Falls：NuVision Publications，LLC.2008.p. 16.

加入任何教会或教派，但他坚定地相信神是第一因，对《圣经》也十分重视。

昆比创立精神治疗方法的过程起始于他30多岁时的一场大病，这场病使他对既存的医疗手段产生了深刻的怀疑。之后他开始自己钻研催眠术，在此期间他观察到的一些现象使他认定疾病并不是肉体的病变，而是精神的失调。从他自己对这段经历的叙述来看[1]，他的研究方法无疑是有问题的，他的结论当然也不正确。但当时对心理学、催眠疗法等的研究刚刚起步，并不存在成熟可靠的理论，没有谁能指正他的错误。

昆比根据自己的发现，建立了他的精神治疗方法。他相信人的本质是灵魂，灵魂是完全的、洁净的，他把灵魂的这种状态称为“真理”。而身体只是灵魂的居所，如果人相信自己患有某种疾病，身体就会显示其病状。因此治疗疾病时，患者必须在治疗者的指导下去认识“真理”，纠正导致疾病的错误思维，这样疾病就被治好了。他坚信自己的方法是科学的，因为这总结自自己的实践经验；同时，他也相信自己的方法有着宗教上的依据，认为《新约》中基督传授的知识和自己的方法是一致的、科学的，认为耶稣就是头一个实践基督所授知识的人。

昆比用自己的这套方法在新英格兰为人治病，奇迹般地治好了一些人，这使他有了点名声。但他的活动范围有限，影响力并不算很大，他也缺乏把自己的方法理论化，形成一种宗教思想的能力，因此不可能发起一场宗教运

---

[1]Horatio W. Dresser，*A History of the New Thought Movement*. Sioux Falls: NuVision Publications，LLC.2008.p. 19-22.

动。不过在他治疗过的人当中，不乏有这种能力者，例如沃伦·菲尔特·埃文斯（Warren Felt Evans，1817—1889）和玛丽·贝克·艾迪（Mary Baker Eddy，1821—1910）。埃文斯是新思想运动的头一位作家，他本是一位史威登堡教[1]信徒，对神秘主义非常熟悉，在得到昆比的治疗后对他的方法大感兴趣，不但成为他的追随者，还撰写了不少书籍阐释和宣扬精神治疗法，使精神治疗法开始理论化、哲学化。艾迪夫人则是基督教科学派（Christian Science）的创始人，她在1875年出版的*Science and Health*是第一本成功地将新思想的理念传播开来的著作。基督教科学派可以算是最成功的新思想系团体，在今天的美国依然有着相当大的影响力。

一场宗教运动想要产生，必须具备两个条件：一是新颖而且有吸引力的宗教思想，二是适当的传播手段。埃文斯等人的活动为新思想运动提供了这两个条件。威廉·詹姆斯在《宗教经验种种》里认为新思想运动的思想来源包括：

> 一个是四福音书；另一个是爱默生主义，或新英格兰的超越主义；贝克莱的唯心主义；还有唯灵论（spiritism），涉及“法则”“进步”“发展”等教

[1]史威登堡教，即追随伊曼纽·史威登堡（Emanuel Swedenborg，1688—1772）的人组成的团体。伊曼纽·史威登堡，瑞典科学家、哲学家、神学家、神秘主义者。据说他于1743年在幻觉中见到了神，神向他告知了《圣经》的灵性含义，并嘱咐他将这些含义写成书，后来他自称获得灵视的能力，可以与灵界沟通，晚年一直从事神学研究，花费巨大精力去解释《圣经》。他的思想对19世纪的灵性运动影响很大。

理；再有，就是我刚才说的乐观主义的通俗科学进化论；最后，印度教也做出了一定贡献[1]。

这些“思想来源”，除了四福音书以外，其他的都无法在昆比那里找到。德雷塞明确地说，昆比从未听过贝克莱、爱默生这些人的名字，他不是一个唯灵论者，他不爱读科学书籍，哪怕是通俗科学书籍[2]。新思想作为一种治疗手段显然并不可靠，成员们势必要创造和交换补偿物[3]，上述这些“来源”就是为了发展补偿物而被成员们逐渐导入的。混合了这么多种不同的要素，这种“新思想”当然驳杂不纯，细究起来，难免有破绽，但这正是其魅力所在。因为这里没有权威的正统思想，也没有必须全盘接受的思想体系，人们可以根据自己的需要去选择想要相信的思想要素，或是自行添加其他要素，只要大家都抱有对精神治疗的信仰即可。

---

[1]威廉·詹姆斯著，尚新建译：《宗教经验种种》，北京：华夏出版社2008年版，第69页。

[2]Horatio W. Dresser，*A History of the New Thought Movement*. Sioux Falls: NuVision Publications，LLC.2008.p. 16.

[3]理性选择和宗教市场理论可以补充说明新思想运动是如何在现代社会中形成的。这种理论的出发点是一条世俗的原则：“人总是追求他们认为会有回报的东西，并且总是努力避免他们认为会付出代价的东西。”根据这条原则，人们信仰一种宗教，总是在对损益进行过权衡以后进行的理性选择，他们献身于宗教是在追求他们所需的回报。然而这个回报并不一定是能够在现世实现的，因此人们会为此创造和交换各种补偿物，“补偿物是一种信念，即相信回报将在不久的将来，或者在不可能立即证实的某种境况中获得”。“人们经常追求各种如此大量而且显然不可能得到的回报，以至于只有假设存在着一个活跃的超自然者，才可能创造出可信赖的补偿物。”见罗德尼·斯塔克、威廉姆·希姆斯·本布里奇著，高师宁、张晓梅、刘殿利译：《宗教的未来》，北京：中国人民大学出版社2006年版，第6—8页。

新思想运动最重要的传播途径是出版物等现代媒介。现代出版业的发达为新思想运动的传播提供了非常适合的途径，自埃文斯开始，新思想运动的核心成员大多都有为运动撰写书籍或创办刊物的经历，而这些书籍和刊物销量都很不错。这些读物的广泛流传为运动的发展提供了条件，威廉·詹姆斯注意到："它流传整个美国，似乎每日都在壮大力量……现在，必须把它算作一支真正的宗教力量。它已达到一定的规模。例如，人们对其读物的需求很大，弄得书商不同程度地以次充好，以假乱真，争相出版，以满足市场需要。"[1]

在诸多作家中，乌特亨利是非常突出的一位，《治心免病法》则是他的代表作。这本书把新思想运动的理论实践化，设计了一套可操作的方法，通过暗示的手段帮助信者获得灵性体验；出版后获得了相当大的成功，不断再版，就我们手头找到的版本来看，到1904年时已经出到第13版，总销量保守估计有几万本。德雷塞评价这本书"给新思想带来了一个明确的转折……在中午时举行默想集会的习惯在精神治疗世界里成了常规"。这本书使得新思想运动具备了实践性灵修的特征，对于新思想运动而言是本非常重要的著作。

经过发展后，这一信仰大致包含这样的内容：神（还有无限的智慧、生命本质等多种称呼）无处不在，万物都分享有神的灵魂，通过神联为一个整体；灵魂才是万物的本质和实体，灵魂将形式赋予物质，借以显现自我，因此

[1]威廉·詹姆斯著，尚新建译：《宗教经验种种》，北京：华夏出版社2008年版，第69页。

真实的人也是灵性的；因为禀有神性，所以真实的万物本是完全的、至善的，疾病与不幸都是产生于思想的谬误与消极；认识自己与生俱来的神性灵魂，保持乐观、积极的思想，不让错误的意识干扰灵魂，就能医治人的疾病。当然，以上内容只是一种含糊的概括，对于每个参与运动的个体而言，其信仰内容都有着形形色色的差异。

与传统的制度化宗教不同，新思想运动的结构非常松散，它是由若干宗教或世俗的膜拜团体（cult），以及许多独立的个人所组成。有些团体可能存在着权威领袖并形成了一定的组织和制度，如基督教科学派，但大多数团体只是参与者的聚合体而已。这些团体多数寿命极短，到20世纪70年代，1900年以前建立的新思想系团体已经只剩下5个左右[1]。但只要它的宗教思想还像开始一样保持着开放和包容，依靠现代媒介，它就能作为一种亚文化存续下去，并在适宜的社会条件下取得发展。进入20世纪后，新思想运动的发展曾于大萧条时期和60年代两次达到高峰，现存的新思想系团体大部分是在这两个时间段建立的[2]。直到今天，新思想运动的出版及教育活动仍然相当活跃。

回顾历史，可以发现新思想运动是19世纪后半期兴起的诸多灵性运动中的一种，类似的运动还有神智协会、灵性会等。这些运动实际上是20世纪60年代至今在全球范围内对宗教、思想、艺术等造成重大影响的现代灵性运动的先声，现代灵性运动的形式与内容基本上是在这些运动中

[1]罗德尼·斯塔克、威廉姆·希姆斯·本布里奇著，高师宁、张晓梅、刘殿利译：《宗教的未来》，北京：中国人民大学出版社2006年版，第228页。

[2]罗德尼·斯塔克、威廉姆·希姆斯·本布里奇著，高师宁、张晓梅、刘殿利译：《宗教的未来》，北京：中国人民大学出版社2006年版，第227—228页。

奠定的。因此，我们认为有理由把从19世纪到今天的灵性运动看成一个整体，即灵性运动伴随着社会现代化程度的加深而不断扩大影响的过程。

为什么灵性运动会随着现代化程度加深而扩大影响呢？这可能是因为它顺应了现代化社会的一个本质特征——个体化。简单地说，如果不让人的流动性尽可能跟上资本的流动性，那么现代社会是无法成立的。而流动性的提高必然会把人们抛入不停变化的环境之中，如果人们不能随时根据环境自行下判断、做决定，那他们最后必然会被逼到难以生存。因此，必须要把人们从各种传统的社会形态、结构、规范、信仰、知识等的约束中剥离出来，其结果就是人的个体化。据乌尔里希·贝克所说，这种个体化的过程在历史上并不少见，每当人类社会将要发生重大转型的时候都会发生，但历史上的个体化最终都以某种方式将人们再次整合和嵌入到新的社会形态和结构当中，重新建立起一个规范、信仰、知识体系，而从目前来看，现代社会的形态和结构并没有很好地发挥整合的功能，反而进一步促进了人的个体化。这其中的原因可能是现代社会当中资本的流动性越来越高，因此人也只好勉强自己跟上它，然而这样做又进一步提高了资本的流动性，结果这个过程就变得无休无止了吧。这种情况固然提高了人的自由度，使得社会变得多样化并充满活力，新的观念和行事方式以前所未有的速度产生出来，为社会经济的繁荣创造了条件，但这也削弱了人们彼此之间的联系，使得传统的社会结构，例如阶级、国家、家庭等都变得松动，权威下降，难以像过去那样发挥作用。这把人的个性从悠久的社会束缚下解放出来，使得人们可以（或者说是必须、只能）为自己而活，但也使得过去那种由传统所规定并保证其意义的生活方式瓦解了。正如贝克所说，“为自己而活同时也是一种去传统化的生活。但……传统仍然发挥着很大的作用。传统必须被重新选择、重新发明，并且只有通过个体的决定和经验才能起作用”[1]。现代人不得不通过自我赋权来建立属于自己的生活方式，并赋予其意义，灵性运动的兴起无疑正是现代性在个人生活中的一种表现，是在个体的决定和经验下，对宗教和思想传统的重新选择、重新发明。

个体化趋势虽然给社会带来了巨大的利益，在克服贫困和物资不足方面，人类历史上大概没有哪个时代能与现代相媲美，但另一方面，现代社会施加给人们的压力也是其他时代难以比拟的。缺乏确定性带给人们的不只是自由感，更多的可能是不安全感。人的流动性也不是均匀的，比如说，现代社会看似对所有人敞开了向上流动的通道，但大部分人难以实现向上流动，反倒是高强度的竞争、技术变迁等许多因素使得向下流动的可能性变得比以往更高了。风险伴随着资本在全球范围内流动，经过叠加放大后往往变得难以承受，而个体化的人必须独自去面对这样的风险，这被视为应该由他们自己承担的责任。还有更为根本的，人与资本的竞速究竟要持续到什么时候？难道要到绝大部分人都被淘汰掉才能停止吗？这样看来，现代社会不是不需要整合，它只是一直没能有效地做到这一点，要尽量不损害其经济能力的情况下对现代社会进行整合确实

---

[1]乌尔里希·贝克、伊丽莎白·贝克-格恩斯海姆著，李荣山等译：《个体化》，北京：北京大学出版社2011年版，第30页。

是个难题。贝克认为包括灵性运动在内的个体化宗教可能会对社会的整合起到重要的作用。“个体主义的混合性宗教虔诚为世界大同主义提供了一种模式，因为个体对所有的信仰持非排他性的开放态度，他们认为此体验让人丰富充实，而非威胁。”他甚至希望个体化的宗教能够不仅是种体验，还能成为现代社会的道德制度[1]。以宗教在现代社会中的地位和处境来看，他的希望大概是很难实现的。而且资本也并没有放过灵性这个阵地，当前打着灵性、灵修旗号的活动背后常常都有资本的运作，它们追求的实际上是资本的增值，这侵蚀了灵性运动的价值。不过个体化的宗教还是可以为解决现代社会的问题提供一些线索的，例如贝克指出的这种包容性，此外，那种把精神上的圆满视为最优先事项的生存态度、将人与其生存环境视为具完全性的整体的视野以及如何将这些融入人们的生活等，也都是有启发性的。现代社会的整合是个挑战，现在还找不到什么好办法来应对它，贝克也说或许到最后人们会发现整合与个体化是不相容的。因此所有能为整合提供思路的东西都是很珍贵的，新思想运动作为现代灵性运动的先驱，其作用值得重视，而要了解这场运动，*Ideal Suggestion* 是必须加以关注的一部著作。

但是，要通过《治心免病法》来了解新思想运动，实在是很勉强。与原书相比，傅兰雅译本有些面目模糊，原书的许多内容被大幅改动，使译本看起来不像是一种新宗教思想的载体，倒有点像是某种自然神学的作品。个中原因当然是在译者身上。

[1]《宗教的个体化》，《国际社会科学杂志》（中文版），33-1期，第89页。

约翰·傅兰雅（John Fryer，1839年8月6日—1928年7月2日）曾经是一位在中国知识界赫赫有名的人物，但随着时代的变迁，他的名字也像《治心免病法》一样，变得不大为人所知。不过，即使他的名字会湮没在时间之中，他为中国的现代化做出的贡献也是不可磨灭的。

傅兰雅是英国人，1861年受英国圣公会差会（Church Mission Society，简称CMS）派遣，以传教教师（missionary teacher）身份前往香港管理一家书院的校务，之后又于1863年前往北京，在同文馆等处教授英文。1865年，他被CMS解雇，不得不前往上海寻找工作机会。1868年，他接受了江南制造局翻译馆的聘请，开始为江南制造局翻译、出版西方科学技术书籍，此后28年，他一直在中国从事普及科学技术知识，以推动中国社会现代化的工作[1]。1896年，他受聘为美国加州大学东方语言与文学讲座教授，离开了中国。在加州大学，经过多年的努力，他把东方语言与文学讲座发展为东方语言系，继“西学东渐”之后，他又为“东学西渐”付出了大量心血与精力。直到1928年逝世为止，傅兰雅一直关心着中国的发展变化。

傅兰雅的工作是全方位且富有成效的。江南制造局成立翻译馆的目的本来是服务于洋务运动，翻译制造枪炮和开矿的技术书籍，但在他和同事们的努力下，翻译馆开始

[1]严格说来，傅兰雅的知识水平并不足以从事这样的工作，他毕业于一所教会主办的师范院校，并没有接受过系统的科学训练，尤其缺乏化学知识。这使他在译书时常常需要一边自学一边翻译，工作得非常艰苦。而且正如许多研究者所指出的，他的译文是有缺陷的，特别是他翻译的化学书。但他也注意到了自己的不足之处，总是尽可能把自己的工作限制在基础教育的范围内，而这种基础教育正是当时中国所需要的，因此，本不具备充分知识的他为近代中国的科学文化发展做出了很有价值的贡献。

系统地翻译西方科学书籍，内容覆盖了近代科学的各个学科，翻译馆的工作性质转变为普及科学知识，为中国的现代化建立知识基础。在翻译馆聘请的诸多译者当中，傅兰雅是在馆时间最长、译书最多的一位，他在翻译馆28年，翻译书籍多达90种，几乎占江南制造局出版书籍的1/2。他很早就注意到统一科学术语译名对于翻译科技书籍的重要性，并与翻译馆的同事一起为此做了很多工作，他和徐寿一起制定的65个化学元素译名，有36个沿用至今[1]。由于傅兰雅在翻译馆之外也从事编译书籍的工作，因此他的译著并不只是制造局出版的这90种，《傅兰雅档案》中列出了一份包含157本书的清单，涵盖了1868—1911年间傅兰雅的全部译著[2]，由此可以看出他为中国近代科学文化发展所做的贡献。

除了翻译科技书籍以外，傅兰雅还创办了近代中国第一份专门的科学技术杂志《格致汇编》，参与创办和经营上海格致书院，参加益智书会编写学校教科书和统一科学术语中文译名的工作，以及创办和经营中国第一家专门的科技书店格致书室。他试图通过这些工作来普及科学知识，使科学知识通俗化，这对正处在现代化转型期的中国起了非常重要的启蒙作用。梁启超在评价洋务运动时就曾说：

> 这一期内，思想界受的影响很少，其中最可纪念的，是制造局里头译出几部科学书。这些书现在看起

[1]上海图书馆编：《江南制造局翻译馆图志》，上海：上海科学技术文献出版社2011年版，第24页。

[2]戴吉礼主编：《傅兰雅档案》（第二卷），桂林：广西师范大学出版社2010年版，第639—652页。

> 来虽然很陈旧很肤浅，但那群翻译的人，有几位颇忠实于学问，他们在那个时代，能够有这样的作品，其实是很亏他。因为那时读书人都不会说外国话，说外国话的都不读书，所以这几部译本书，实在是替那第二期“不懂外国话的西学家”开出一条血路了[1]。

傅兰雅以传教士的身份来华，却在中国传了几十年的科学，这固然是他的人生境遇使然，但也与当时西方社会那种有如自然神学一样的社会思想风气有关。在现代化的推动下，科学在社会上获得了极大的权威，但基督教的权威地位也没有瓦解，在这种情况下，人们自然会调和两者，认为科学发现是对神创世工作的证明，技术带来的繁荣是神应许的福音。傅兰雅也是如此，他认为科学知识是神赐予人的珍贵礼物，将科学知识传播开来也是传教士的任务。《治心免病法》中也有些字句能够透露出他的这种想法。

从这里我们大概可以看出傅兰雅选择翻译《治心免病法》的理由。新思想运动坚称自己的理论是科学的，而且确实也有治愈的病例。它的理论和方法带有心理治疗的性质，虽然不可能包治百病，但对于精神和神经方面的疾病恐怕还是有些疗效的。同时，它虽然是种新兴宗教运动，但打的还是基督教的幌子，翻翻《治心免病法》，神、基督等词和《圣经》经文随处可见。不去深入了解的话，本书的确像是一本成功融合了科学理论与基督教思想，同时

---

[1]梁启超：《五十年中国进化概论》，《梁启超全集》（第十四卷），北京：北京出版社1999年版，第4030页。

又具实用性的科技书籍，正合傅兰雅的心意。

而且傅兰雅和其他许多英国传教士一样，始终对鸦片有着难解的心结。英国传教士是靠着鸦片战争攫取在华传教的权利的，但当他们来到中国，亲眼看到鸦片对中国人的危害时，不少人都感到十分难堪。这些人一般都会采取行动，如反对鸦片贸易、设法帮人戒烟等。傅兰雅在本书的序言中言明用此法可戒鸦片烟瘾，在译文中也反复强调戒烟，可见他的确有借翻译此书做些赎罪工作的意思。

但只要细读《治心免病法》就会明白，这绝不是一本基督教著作。傅兰雅本人的基督教信仰并不是非常正统，他曾说过，由于自己的宗教观点接近一位论派（Unitarian），所以无法与在华的各基督教派合作，也总是被其他传教士另眼相看[1]。从本书中的一些内容来看，他可能还受到了自由主义神学的影响。或许就是这个原因，使他还是坚持翻译出版了这本书。如果他是比较正统的信徒，恐怕不会这样做。

不过，傅兰雅毕竟是位虔诚的基督徒，因此他在翻译过程中，对原书的内容做了相当大的改动，有些地方甚至完全重写，把原书的“异端”色彩都掩盖了。从译本中看不出新思想运动的泛神论倾向，内在于人的基督也被含糊过去了。就连原书最重要的创造——结合了新思想运动理念、基督宗教灵修传统和心理学要素的个人灵修方法“理念暗示”，都被傅兰雅来了一番大改造，使之与基督宗教教义不产生重大冲突。但那些与基督宗教冲突不大的

[1]戴吉礼主编：《傅兰雅档案》（第二卷），桂林：广西师范大学出版社2010年版，第579—580页。

部分，傅兰雅还是保留下来了，如灵魂相对于肉体的优先性，人类通过灵魂彼此联系等。

除了宗教思想上的改动以外，傅兰雅还对原书做了另外一种修改。晚清时期的传教士在译书时，基本上都不怎么忠实于原著，只要他们认为这对改造中国社会有利，就会对译著内容进行增补或修改；在行文上则刻意采用本土化策略，甚至随意插入符合中国文化规范的评论与感叹，这种“创造性叛逆”往往在无意中对中国思想文化造成了影响[1]。傅兰雅在翻译本书的时候也是如此。他把在中国普及科学知识、推动中国社会现代化作为他毕生的事业，因此在翻译本书时，他常常会根据自己的理解在译文中插入些自然科学知识，以之与原文内容对照印证。新思想运动坚信自己是“科学的”，然而这不过是因过度迷信实践经验而产生的错觉，其实它并没有什么科学根据，虽然吸收了些心理学的内容，但此时心理学本身也处在草创阶段，还算不上一门科学。说到底，新思想运动的价值本来就与科学不科学没有多少关系，但被傅兰雅一翻译，它所描述的现象就像是自然现象一样，它的理论也给人一种有科学根据的感觉。这样，这本书就在傅兰雅的手里被改造成一本带有自然神学色彩的作品了。

经过傅兰雅的翻译，本书以与原书相当不同的风貌展现在了读者面前，不再有传播“新思想”的作用，但却具有了其他的意义。傅兰雅的译著在晚清时期的思想文化环境中是具有权威性的。正如前引梁启超的话所表明的，

[1]对这一情况的详细分析，见何邵斌：《越界与想象——晚清新教传教士译介活动研究》，复旦大学博士论文，2006年。

康有为、梁启超、谭嗣同他们这一代“不懂外国话的西学家”，只能依靠傅兰雅等人的译本来了解西学。傅兰雅在普及科技知识上耗费了半生心血，在这一领域的声名无人能及，被时人推许为格致名家，他所翻译的书，其准确性与科学性“不懂外国话的西学家”们当然是无从质疑的。因此，这本书在谭嗣同手里，就成了他思想的部分基础和依据的来源。

谭嗣同（1865—1898），字复生，号壮飞，湖南浏阳人，是晚清时期著名的维新派志士和启蒙思想家，戊戌六君子之一。《仁学》是他的代表作，创作于1896—1897年间。从他写给老师欧阳中鹄的长信《北游访学记》来看，在创作《仁学》之前，他思想上正陷入一种彷徨状态，虽然学习了中西各种学问，却找不到一条可行的救国之道。“京居既久，始知所愿皆虚，一无可冀。慨念横目，徒具深悲，平日所学，至此竟茫无可倚。”但他气性激越刚烈，决不肯就此绝望放弃。他本来就醉心于佛学，此时受佛学启发，决定依靠人的精神力量，想要“以心挽劫”，“人为至灵，岂有人所做不到之事？……因念人所以灵者，以心也。人力或做不到，心当无有做不到者”。就在此时，他得到了《治心免病法》一书，“读之不觉奇喜”。书上所言，正与他所思相合，而且“此书所言感应之理，皆由格致得来，是即化电之根源”，如此则“以心挽劫”有了科学根据，当为可行之至法[1]。于是谭嗣同以他的佛学造诣和读《治心免病法》的心得为基础，展开壮

---

[1]谭嗣同著，蔡尚思、方行编：《谭嗣同全集》，北京：中华书局1981年版，1998年重印，第459—461页。

丽的想象，想将毕生所学融汇为一门新学问，用以救世，从而产生了《仁学》一书。《仁学》融中西学问于一炉的尝试和它对封建思想与伦理的尖锐批判，曾对近代中国的思想界产生了重大的影响，更激励了许多仁人志士投身于改造中国社会的活动之中，在中国近代思想史上有着重要的地位。

《治心免病法》对《仁学》的影响，主要体现在它为后者提供了一系列重要的概念，这些概念成为谭嗣同构建《仁学》中独特世界观的基础。这样的概念有三个，分别是以太、心力和爱力。以太本是物理学中一种假设的物质，19世纪时被认为是电磁波的传播媒介。乌特亨利在原书中不经意间提到以太，傅兰雅则为此词插入了一段说明，大致没有超出当时的物理学认知范畴。但经过谭嗣同的发挥，以太变成了宇宙的本质，成了他以太一元论的核心概念。谭嗣同早年从船山之学中接受了气一元论，学习了西学之后，曾试图将中国哲学里的“气”概念与物理学中的“气”概念结合起来，打通中西学问的界限。此时受到傅兰雅所加说明的启发，更干脆用“以太”概念取代“气”，构建了他自己独特的本体论。

“心力”这个概念在傅兰雅的译文中反复出现，但考之以原文，则会发现原文中并不存在与“心力”相对应的英文语词，也就是说原书根本没有这个概念。可能是为了方便理解或是降低翻译难度，凡是与精神、心理活动，或者灵性、神性相关的语词，都有可能被傅兰雅译为“心力”，几乎完全没有规则可言。并且傅兰雅还认为心力可以像肌肉力量一样，通过锻炼而加强。谭嗣同受傅兰雅译文的影响，认为心力和以太一样，是“仁所以通之具”，把心力当成了破除人我隔阂、传递思想感情的一种精神力量。但由于人们“不审心力之所由发”，结果使得心力转为机心，如果人人都修治心力，以慈悲为心力之实体，使心力增加，则“天下之机心不难泯”，“以心挽劫”就能实现[1]。

“爱力”一词，本是傅兰雅给affinity（现在一般译为亲和力或亲和性，指两个分子在单一部位的结合力）所定的译名，使用于他所翻译的各种化学书中[2]。但在本书中，他又用“爱力”来翻译“love”一词。同一个“爱力”对应两个不同的英文单词，“不懂外国话的西学家”是觉察不到的，谭嗣同很有可能将两者混同了。在《仁学》中，爱力出现了两次，分别是：

> 其显于用也，孔谓之“仁”，谓之“元”，谓之“性”；墨谓之“兼爱”；佛谓之“性海”，谓之“慈悲”；耶谓之“灵魂”，谓之“爱人如己”、

---

[1]谭嗣同著，蔡尚思、方行编：《谭嗣同全集》，北京：中华书局1981年版，1998年重印，第357页。

[2]在科学史上，用“爱”来描述化合作用是有悠久历史的。古希腊哲学家恩培多克勒（Empedocles）就把元素之间的结合视为“爱”，17世纪德国化学家格劳伯（J. R. Glauber）也用“酷爱”与“憎恶”来解释化学变化，这是机体论影响科学哲学的表现。到了18世纪之后，机械论在科学思想中占据上风，用“爱”来描述化合的做法才被逐渐抛弃。因此以“爱力”译“affinity”的做法虽然过时，但也不是没有根据。1902年时，由来华传教士组成的中华教育会术语委员会中有部分成员指出，用“爱力”翻译“affinity”不妥当，因为爱是一种感情，而“affinity”是一种物质力量。但委员会提出来代替“爱力”的译名中，除了“化力”“化学力”等以外，竟然还有“缘”和“缘分”。见戴吉礼主编：《傅兰雅档案》第二卷，桂林：广西师范大学出版社2010年版，第459页。如果真的用“缘”来翻译“affinity”，中国思想中说不定还会产生不少有趣的内容，不过这些译名最后都没有被委员会采纳。

> “视敌如友”；格致家谓之“爱力”、“吸力”；咸是物也[1]。
>
> 不爱断而爱亦断者何？有所爱必有所不爱故。譬诸吸力焉：必上下四方，齐力并举，敌引适均，无所偏倚，然后日星于中运，大地于中举，万类于中生。……夫吸力即爱力之异名也。善用爱者，所以贵兼爱矣[2]。

从这两段话来看，谭嗣同显然既把爱力当成一种物理力量，又当成一种精神力量，对于他来说两者是一致的。这样看来，在他眼里物质世界与精神世界的分野可能是非常模糊甚至是不存在的。前人在研究《仁学》时，常常觉得谭嗣同既说“夫仁，以太之用”，是以物质性的以太为第一性，精神性的仁为第二性；同时又说“仁以通为第一义。以太也，电也，心力也，皆指出所以通之具。……仁为天地万物之源，故唯心，故唯识”，又把精神性的仁当成了第一性，两种论述自相矛盾。但如果谭嗣同眼中的世界，精神与物质本来就是统一的，两者可以自由转换，来去自如，那么他两种不同的表述似乎也可以理解。当然，谭嗣同这种相对主义的观点肯定不是完全来自对“爱力”一词的误解，但从他对这个词奇特的运用方式来看，恐怕他确实受到了这个词的影响，这个词可能使他认为这种相对主义的观点才是科学的。

[1]谭嗣同著，蔡尚思、方行编：《谭嗣同全集》，北京：中华书局1981年版，1998年重印，第293—294页。

[2]谭嗣同著，蔡尚思、方行编：《谭嗣同全集》，北京：中华书局1981年版，1998年重印，第302—303页。

还有一个现象值得我们注意。谭嗣同只读过傅兰雅翻译的《治心免病法》，并没有读过原书，正如上面所说，《治心免病法》已经被傅兰雅改得面目不清了，谭嗣同所受本书的影响，全都来自傅兰雅的翻译。然而，细读《仁学》时，我们却产生了这样一种感觉，似乎《仁学》与原书在思想观念上有很多共通之处。这应该不是一种偶然，而是这两本书都受到了席卷中西的现代化浪潮的影响。

首先，这两本书都包含了对现代性的反思。谭嗣同身处的是一个受到帝国主义严重威胁的前现代社会，他满心希冀国家和人民的富强，当然会特别重视现代社会那种令人惊异的经济能力。而要实现这种经济能力，首先就要把人们从中国社会传统的结构和思想观念体系中解放出来，让人能够去追逐资本，因此对于传统的批判和重新阐释就成了《仁学》的重要内容。他把自己这本书称为“冲决网罗之学”，在书中多次提及要让人人都有“自主之权”，可见他对此是有自觉的。但他亲眼目睹了帝国主义的危害，对现代社会无限制的逐利和无休止的竞争也有自己的感触，他觉得大同世界无法实现的原因是人们心中存有自私自利的机心，不能不加区别地看待自己与他人，总是损人利己、互相攻击，长此以往，世间将有大劫，只有以心力泯灭机心才能度过此劫，“以心挽劫者，不惟发愿救本国，并彼极强盛之西国，与夫含生之类，一切皆渡之”[1]，经济上的繁荣不足以克服社会危机，哪怕是极强盛的西国终究也只是需要拯救的对象。*Ideal Suggestion*一

[1]谭嗣同著，蔡尚思、方行编：《谭嗣同全集》，北京：中华书局1981年版，1998年重印，第358页。

书则产生于已经进入现代的美国社会之中，它是顺应个体化的需求而产生的，但它的产生本来就有针对性，是在批评现代社会过度物质化的倾向对人们造成的伤害，设法为个人的心灵寻找安居之所，并希望以这种方式消除人与人的隔阂，实现理想的社会。这两本书可谓形不似而神似。

其次，这两本书都表现出了思想上的包容性。即便是在19世纪，现代化也已经使得各种知识和思想能在全球范围内快速流通，大大地改变了人们的知识背景和思想环境，同时，现代的、个体的人拥有根据喜好自由选择其思想的权力。在选择过程中，如果以排斥的态度面对这种复杂多变的环境，肯定会提高产生冲突的几率，而且也不利于思想的创新。谭嗣同和乌特亨利都在试图调和各种来源、背景、思维方式不同的知识与思想，形成自己的体系[1]。他们的尝试过程的确充满了误解和错谬，但其结果仍然丰富而不是限制了他们自己还有许多其他人的人生，这或许可以表明，他们这种包容的态度对于现代社会而言是有效的。有批评者认为谭嗣同搞的是“不中不西之学”，那乌特亨利搞的又何尝不是“不西不东之学”呢？对于目前这个信息社会来说，他们两人的态度无疑是有参考价值的。

第三，这两本书都对人类社会的发展抱有积极乐观的态度，而且都构想了以开放、宽容的态度和充实自我的方式来引导社会良性发展的方法。正如乌尔里希·贝克和安东尼·吉登斯等人所指出的，现代人必须直接面对社会风险，

[1]有趣的是，虽然程度不同，但他们两人都在自己的思想中融入了印度宗教的要素。

而且个体化本身也是风险的来源，个人决定的不确定性使得风险更易发生、更难解决。因此如何整合个体化的社会是人类必须共同努力解决的问题，实际上，确实存在着无法整合的巨大风险。虽然谭嗣同和乌特亨利所面对的社会环境完全不同，谭嗣同是置身于前现代社会中展望未来，乌特亨利是面对现代社会的种种弊端反思现在，但他们似乎都隐约觉察到了现代社会的整合是一个悬而未决的问题，还有待人们探索。和今天的人们一样，他们面对的社会环境也并不理想，而且同样不清楚出路在哪里，但他们始终对人类的未来抱有乐观的态度，积极地采取行动去寻求解答，这不禁让人觉得，这正是一个现代人应该具备的精神状况。

以上就是我们对《治心免病法》的认识和感想，希望能够对读者阅读本书有些帮助。最后还要说明一下这次校注所用的原书和《圣经》的版本问题。傅兰雅是按照第2版的*Ideal Suggestion*翻译《治心免病法》的[1]，但我们未能找到这个版本。于是我们对手头所有的该书第1版和第5版做了大致的对照比较，发现第5版仅修改了第1版中的一处错误，其他地方均无改动。照此推断，第2版与第1版应该基本没有差别，因此做校注时我们就以第1版的原书为参照了。原书所用的英文《圣经》版本为钦定版（King James Version），所以本书注释中所引英文《圣经》均出自钦定版。傅兰雅翻译本书时，现在通行的中文和合本《圣经》尚未产生，我们手头资料有限，无法确定他使用的是什么

---

[1]戴吉礼主编：《傅兰雅档案》（第二卷），桂林：广西师范大学出版社2010年版，第651页。

版本的中文《圣经》，只能在注释中将和合本《圣经》中相对应的经文列出，以资参考。

由于我们不在学术界，搜集资料的能力和做研究的时间都受到很大的限制，幸亏有诸多师长和朋友的无私帮助，我们才得以完成这份校注工作，在此对他们表示诚挚的谢意！

2016年10月

治心免病法

[美]乌特亨利　著
[英]傅兰雅　译
龚昊　乌媛　校注

《治心免病法》英文第5版之乌特亨利像

傅兰雅1908年左右的肖像

傅兰雅着清官服肖像

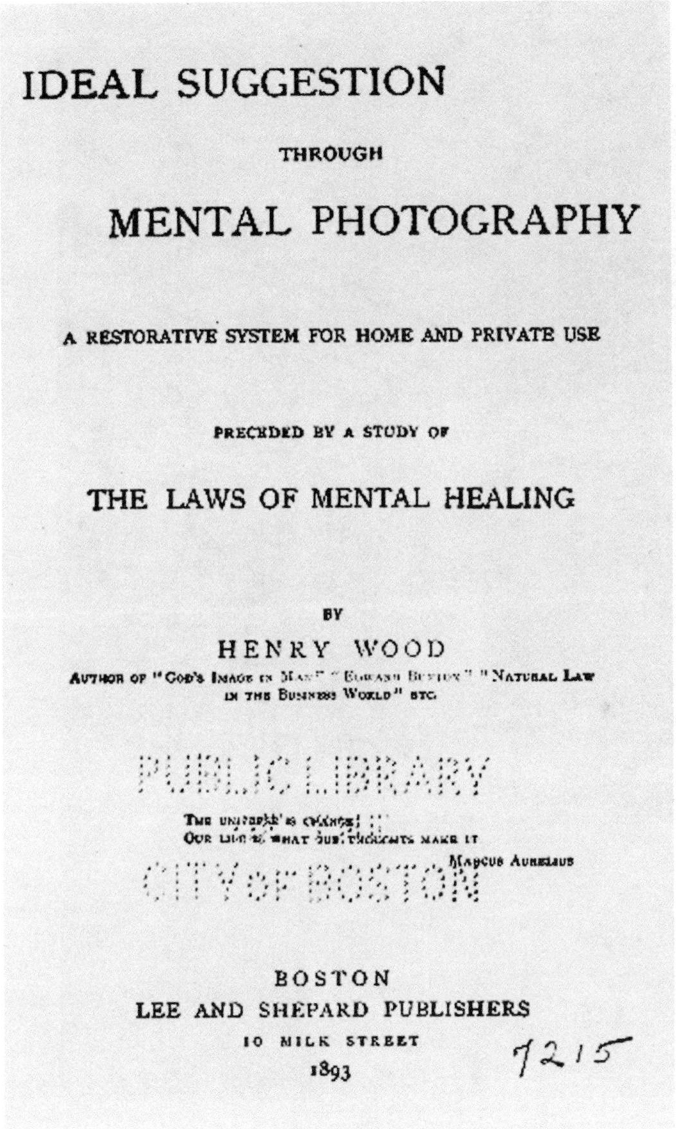
IDEAL SUGGESTION

THROUGH

MENTAL PHOTOGRAPHY

A RESTORATIVE SYSTEM FOR HOME AND PRIVATE USE

PRECEDED BY A STUDY OF

THE LAWS OF MENTAL HEALING

BY

HENRY WOOD

AUTHOR OF "GOD'S IMAGE IN MAN" "EDWARD BURTON" "NATURAL LAW IN THE BUSINESS WORLD" ETC.

THE UNIVERSE IS CHANGE;
OUR LIFE IS WHAT OUR THOUGHTS MAKE IT

MARCUS AURELIUS

BOSTON
LEE AND SHEPARD PUBLISHERS
10 MILK STREET
1893

1893年英文版《治心免病法》扉页书影

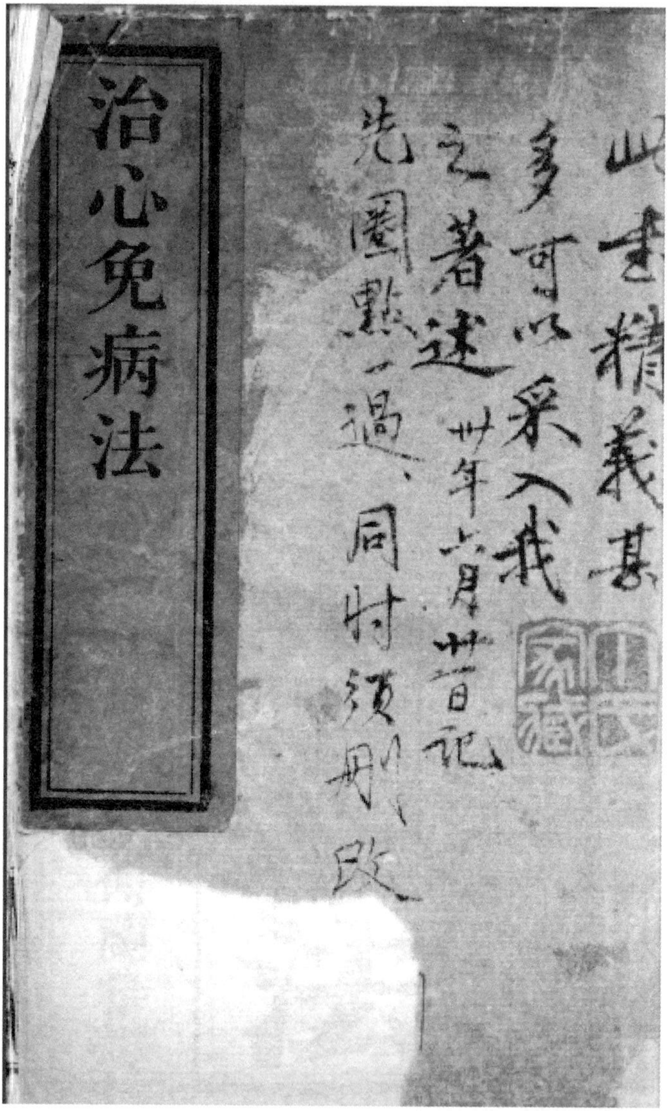

1896年上海格致书室发售的傅兰雅译《治心免病法》封面书影

序[1]

泰西各国近来醉酒之徒年增一年，而中国鸦片之害亦更甚于前。好善者苦心设法，欲除此大害，然迄未有成者。或其法才试即废；或不明格致[2]之学，不合于人之身心；间亦有法，不能除害，反甚之者。故有能得一新美之法，将西国之酒、中国之鸦片等为害之物，及早去之，岂非天地间第一善事乎？

美国各邦近欲除酒害，有数处设律，禁止开店私售。好善者尽力为之，然常醉人数尚未能因之而减。仅制其身而未能感动其心，仍无益也，如能感其心，则身必从心，

---

[1]本序除少量字句以外，绝大部分内容均与原书序言不同。序后虽标明“乌特亨利自序”，但实际上应该是傅兰雅代作，体现的是傅兰雅翻译此书的意图，即以积极的思想和正面的心理暗示来帮助中国读者戒除鸦片烟瘾。在后面的译文之中，傅兰雅也增添了不少文字以劝人戒烟戒酒。

英国传教士虽然通过鸦片战争获得了在华传教的权力，但他们中许多人对鸦片贸易持反对态度，傅兰雅应该也是如此。有一事或许可以作为旁证，1865年5月，傅兰雅曾与其他几位传教士一起到河北和内蒙古地区进行短期的传教旅行，途中遇到一位深受鸦片之害的中国官员。傅兰雅在之后撰写的游记中详细描绘了这位官员的身体状况，对这位官员的受害情况表示非常震惊。他还说每当中国人问他，“英国人来传教，说是要拯救我们的灵魂，那为什么又把鸦片运来中国，毒害我们的身体呢”，他总是十分羞愧，无言以对。他在游记中详细记录此事，显然对此事印象深刻。参见戴吉礼主编：《傅兰雅档案》（第一卷），桂林：广西师范大学出版社2010年版，第142页。

[2]格致，即science的中译，是自然科学的总称。

而害自免矣，较诸设年[1]律捕查等法更便。如中国鸦片之害，亦当同例论之，但有异处。美国禁酒，间有犯私，难免查出重罚；而中国禁鸦片，竟有名无实，故此事更较难成[2]。

常人有好善者，以酒与鸦片等醉料成瘾为身病症，用戒酒药、戒鸦片丸治之。间有能戒之证，众人遂恃药之功，不知能戒者，其心先有所感动，不过假药以显其功力耳，否则服药亦有何益。试观西国之戒酒院、中国之戒烟院，恐百人中难得一二戒绝不复犯者，可知治法不在用药感其身，而在用善言动其心也。

数十年内，西国查得一法，全恃各人之志，志大者能直感志小之人。言语、作为、用药，俱可不必，只在心内立志，令某人改恶为善，戒酒与鸦片，则其人受此感动，前所恨者今改为喜，前所喜者今改为厌，渐与志大者

[1]年，应为衍文。

[2]从19世纪中期开始，美国的部分地区已经开始动用法律手段禁酒。新教徒积极地参与了这一运动，最后成功地使美国于1920年开始实施全国性的禁酒法案。但这一法案实施起来困难重重，不仅没能取得预期效果，还造成私酒买卖泛滥，法案自身也于1933年被取消，美国的禁酒最终“有名无实”。傅兰雅的第二任妻子是美国人，他本人最迟自1891年起就打算离开中国前往美国定居，在这篇序里他将美国禁酒与中国禁烟并列，可以表明他一直在关注美国时事。

无异[1]。此法虽未尽足恃，其理亦未尽明，但西国实有此事，惟改者不久离此志大之人，则仍踏前习，盖不恃己而恃人也。然则此法虽美，未尽善也。将来或考究益精，可得把握亦未可知。

凡有酒、鸦片瘾者，人往往不能自主，盖为酒与鸦片所主，而其为主极凶也。故其人每过烟酒店，则心动身疲，过瘾方止。夫既成瘾，友众轻之，家人畏之，自顾亦贱同牲类，久而愈下，遂视为病。此意一存，不复能加善念，即或暂省，亦不坚久，故可见成瘾之足以害人。只有治心一法能将全人改旧换新，即将此暂省之善念，坚钉不脱，则始而善念与恶念相争，继而善长恶减，终则善胜恶败，其人遂复于善，固无论其所戒之瘾为重为轻，皆此暂省之一念基之也。人苟即此念而加长之，则诚有不能不自除其瘾者。此书特设一法，将此善念之字样编成诀要，令人目见之、耳闻之、心念之，为治心之药石，心治则身无不治矣。

设戒酒、鸦片院必照以上之说，特创新法，以瘾为身

[1]这种方法指的是催眠术（hypnotism）。据德雷塞所说，催眠术于1836年被引入美国，1838年，一位名叫科利尔的医生（Dr. Collyer）在缅因州的贝尔法斯特举办演讲展示催眠术，从而把催眠术带到了新英格兰地区。科利尔的演讲引起了菲尼亚斯·昆比的注意，他开始自学和探究催眠术，这成为他建立精神疗法的一个重大契机。参见Horatio W. Dresser, *A History of the New Thought Movement*. Sioux Falls：NuVision Publications，LLC.2008.p.19。从此处傅兰雅的说法以及第六章的译文看，他对催眠术基本上没有什么了解，可能只看过催眠术表演，后文有“志大之人能感动志小者，令其无不服从”之说，像是看过催眠术表演者的感想。他的说法可能对谭嗣同有所影响，谭嗣同《仁学》中说：“我之心力，能感人使与我同念，故自观念之所由始，即知所对者品诣之高卑。”见谭嗣同：《谭嗣同全集》，北京：中华书局1998年版，第295页。像是在傅兰雅所说“方法”的基础上有所发挥。

瘾，人仍无瘾。盖身非人，心实人，人心与天[1]心同，天无病，人亦无病，身有瘾非天意也。惟心无病，故院中章程当以治心为主，将嘉言善意，时时令人目见而耳闻之，刻入心内，字样放大，或发光，用电则光更大。字句必为浅显动心者，即如天父在此照鉴我心等是。观看数日，时刻不忘，彼此相连，偶然思瘾，即时禁止。过其店似见门外之招牌，为此善字不敢入。如是者数日则必自觉瘾在身，不在心，戒亦不难。夫有瘾之身，无异牲类，人牲之别，全在一心，而此心同于天心者也。

世虽未有照以上之意设戒酒、鸦片院者，但合理之法，试必有效，数年内各国当有信行之者。如今所设院，暂或得益，出院未久，仍复成瘾。设是院者意非不美，但以之治众牲病则可，治人则非理。盖病源在心，非治心不全愈。此理常人尚未思及，盖误身为人，不知一人实为两物，一为身而一为心，有上下贵贱主仆之分也。又治心之法非可用药，必将最灵之意发为最善之言语文字，刻入心内。此理深合格致，故格致愈盛，信者愈众。

此书所设法恃耳目为通心之路，不必他求，在此一心而已。夫心用则灵，世之坏也，大都人不用心而妄行。如日以数时致力于心，则善恶辨而好恶正，旬月无间，心广体胖，其乐洋洋，传之于人，而乐更大。然以之劝常人则鲜不视作空谈，甚且有怒者，其怒也发于身，亦非其人之本心也。此书之出世，之不乐观与观之而作笑谈者，知不

[1]本书中被傅兰雅译为“天”“天父”的大部分都是“God”一词，此序虽然不是翻译过来的，不过这里的“天”指的也是God。但新思想运动所说的God与基督宗教的God含义不相同。

乏人，然得遇有心人则必深味乎，此谓大有益于人世也。

书中有诀要二十七句，俱为善言，其用法见第七章，大略专以治心为主，故此书可名为《治心免病法》。用之者亦当称医，其功效初时医者居大半，久则全恃一己之心力，偶病亦能自治，用法极便，收效已众。余究心多年，而知其实有可据，虽不行医，而所言俱经目睹，又尝与友众讲论，外间评论之作，俱经过目，故已深信不疑。

作此书意非令病者不求医药，但愿医生用法令人得心力自治耳。余知此法有大益于世，不愿终秘，不惜资本以成此书，所望天下万国有人得之而受其益，而戒酒与鸦片尤当用此，其得益岂可量哉。

西历一千八百九十四年[1]　美国波斯顿城乌特亨利自序

[1]原书序作于1893年，自初版起各版均用该序。

目　录

治心免病法
卷上[1]

[1]原书分为两个部分，卷上相当于其第一部分“精神疗法的法则”（The Laws of Mental Healing）

第一章　论有益之新法难行

此新法非特病者难于信用，即无病而明格致者亦不欲考究其理而信服焉，此中难处可一一而推论之。

天下惟正理永无改变，以其完足无可加减之也。以为有改变者，人心为之也，苟明其真，岂有可更[1]。凡新考之正理与法，其初必有多人疑驳争阻之，欲其全行，难矣。盖常人胸多自满，不能有容。设有一人，志欲移风易俗，则必为众所忌。如格致所得新理以及教泒[2]、国政、善恶学[3]等，其初亦往往为众驳阻。或自称已知，或以为祖宗陈法，未可轻更[4]。更有以大害人事为天命之者。西人于新旧约内得古人作事之意，以此为天默示之书也，行

[1]“天下惟正理永无改变”至“岂有可更”字句，原文为“Truth is eternally and unchangeably complete，but to human consciousness it is constantly growing.”大意为：真理虽永恒不变，但人类对真理的认识是随着人类思维能力的不停扩展而不断增加的。新思想运动认为从人类认识的角度来说，新出的“真理”总是胜过旧出的“真理”，因此“新思想”自然胜过传统的宗教和医疗思想。

[2]泒，应为派。

[3]善恶学，即伦理学。

[4]“如格致所得新理以及教泒”至“未可轻更”字句，原文为“The authority and self-sufficiency of existing institutions never Leave any corner vacant.”大意为：既存的权威与机构总是不会欢迎新来者。译文中“或自称已知，或以为祖宗陈法，未可轻更”虽为原文所无，但意思与原文并不相左，只是这些话也是晚晴朝廷保守派常用的套话。

有合者，虚己从之，不合者则当不理[1]。如圣书论养奴为非，昔有人引亚非利加洲黑人至亚美利加南洲[2]，贩卖为奴，买主养之如六畜，令作苦工，知其非者戒之不听。其后北洲各邦不服，南北交战者数年，北邦既胜，在美之黑人全改自主。此因南邦人心满无虚，不思黑人理应自主，非得久战，永不愿明[3]。

如此书新法，常人亦必疑之。因其不同旧法，若将新

[1]“更有以大害人事为天命之者”至“不合者则当不理”字句为原文所无，应该是傅兰雅所加的评论。从“得古人作事之意，以此为天默示之书”的表述来看，傅兰雅有可能更多地从伦理的角度去认识《圣经》，并没有完全把《圣经》视为神圣启示，这种态度与正统教义相抵触，但和自由主义神学有相通之处。他的这种态度与作者乌特亨利也有所不同。乌特亨利所参加的新思想运动虽然赞赏自由主义神学取得的一些成就，但对他们所作的《圣经》批判持反对态度，认为这破坏了人们信仰的虔诚。参见Horatio W. Dresser，*A History of the New Thought Movement*. Sioux Falls：NuVision Publications，LLC.2008.p.8-9. 新思想运动主张灵性解经，认为《圣经》的字句背后都隐含着灵性的意义，因此理解经文时常把重点放在“言外之意”上，本书中乌特亨利所引用的经文大部分都只能脱离《圣经》语境去理解。

[2]亚美利加南洲，即指美国南部，而非南美洲。

[3]原文“While the more impressive examples of this rule are farther back, in the recent past, slavery was declared not only to be right, but to exist by Divine and biblical authority, and this in the North as well as the South.”大意为：关于这一规则，不久之前就有一个令人印象深刻的例子，奴隶制不但被宣称为正确的，而且被认为得到了神和《圣经》的权威支持，这不仅发生在南方，也发生在北方。历史上，主流基督宗派教会曾长期对奴隶制持支持态度，《创世记》9：18—27中关于闪、含、雅弗的故事被教会视为奴隶制产生的原因，《圣经》还有多处论述被视为对奴隶制的肯定，如《出埃及记》21：2—6，《利未记》25：44—46，《歌罗西书》3：22、4：1，《彼得前书》2：18—20等。美国南北战争前，这种现象即使在支持废奴的北方各州也仍有存留，原文指出了这一点。但译文则将南北方划分为截然对立的两个阵营，一方遵守正理，虚己从之：另一方不遵正理，骄傲颟顸。这容易使人联想到当时晚清朝廷内存在的改革派与保守派，“非得久战，永不愿明”的说法，更给人一种必须进行激进改革的印象。谭嗣同在给老师欧阳中鹄的信中说，“今日中国能闹到新旧两党流血徧地，方有复兴之望”。见谭嗣同著，蔡尚思、方行编：《谭嗣同全集》，北京：中华书局1981年版，1998年重印，第474页。他产生这种激进态度，可能就与传教士们这一类言论的影响有一定的关系。

旧较量，又苦费心，且不愿认已往之误，则俱乐究旧法，成书万函，夫安得而尽废之乎？

论各国中人喜新恶旧者固不乏数，但旧者信众，有书载之，有会传之，故喜旧恶新人之力更大。不得已必强之，又不得已则改其实、仍其名，谓不过推本前人而小有变通，然不服者犹多年迄今而信者众，故此书得易今名，将来或列入医学亦未可知[1]。

人之有病，俱生于心，此颇合于圣教及格致深理[2]。圣书能令人改旧更新，惟此书法教中人尚未信服，不知圣教初起，此法已常信用。查西经载耶稣立教时谕门徒往天下各国传教治病之语，即其证也[3]。惜当时但知传教，治病之法失其传耳。间有以耶稣此谕为空虚者，又有谓耶稣在世，则人有此术，今则不能，但今所以不能之故，又不深思。要之正理在天地间，不以时地而异，天父行事，恒为一定，古人之能，今人全之，如论高下，则应今胜于古，故苟愿用耶稣之谕，则必灵效。教中人近亦知此，然仍谓治心免病之法古有今无，则又查西经载耶稣之言曰：“真心服教，则于余所行之事亦能行之。”[4]然则今有不能，必于耶稣之道未尽服也。昔立教后约四百年，有罗马国王甘斯担丁者，合教与国政为一，遂失教之原意，重礼拜而无实济，迄今尚未复原，而其最难之故在与国政相

[1]以上两段，原文描述了权威机构早先拒斥精神疗法，后来态度有所改变的过程，译文与之不一致。

[2]原文无“格致深理”，仅说病起于心的理论与宗教中所有重要的、基本的因素相一致，与所有高等的灵性哲学相和谐。

[3]见《马太福音》10章、《马可福音》3章、《路加福音》6章。

[4]《马可福音》16：17，和合本译为：信的人必有神迹随着他们。

离[1]。

查各治病之理，则治心之理古有人知，如古希腊、罗马国格致家俱有心知。但因医学渐变，离身于心，仅知以有形药治有形体，而不思心必有心之药，而心药无形[2]。各国所定药材不下若干万种，动植土石各类兼收并畜[3]，或用其生，或用其熟，间有取身料为药材。常医制方，用药愈多，众愈尊重，是令病者既须耐病之苦，尚须耐药之害，故十病愈半而死其半已属万幸。近来此风渐改，用药以少为贵，间有问及病人心事，或改换水土、游览地球、赛会、照像，俱为开心忘病之法，逆料[4]将来医不用药而全恃治心之法[5]。

---

[1]甘斯担丁现通译为君士坦丁，这里指的是罗马帝国皇帝君士坦丁一世（272—337，306—337年在位），在他在位期间，基督宗教成为罗马帝国的国教。“昔立教后约四百年”至“而其最难之故在与国政相离”字句，原文“Does it not appear that worldly policy, intellectual theology, and ceremonialism, as they came into the church in the time of Constantine, extinguished the early, simple, vital, spiritual potency which since that transition has never been fully regained.”大意为：在君士坦丁时代，世俗政治、智识化的神学、重视礼仪等因素影响教会，使得基督宗教早先那种简单并且充满活力和灵性的潜力被抑制了，这种潜力自那之后再也没能完全恢复。原文没有谈及政教分离。

[2]“但因医学渐变”至“而心药无形”字句，原文“It is only medical science, as it has gradually degenerated into a great drug prescription system, that seeks for primary causation in the inert clay of the body. The wise physician makes a mental as well as a physical diagnosis and is logically led to the utilization of immaterial forces.”大意为：医学逐渐退化为一种高度依赖处方的体系，总是无益地从肉体寻找主要病因，良医则会像诊断身体一样诊断精神，而这必然会使用到无形的力量。

[3]畜，同“蓄”。

[4]逆料，预料，预测。

[5]“各国所定药材不下若干万种”至本段末为原文所无。乌特亨利在原书中常站在精神疗法的立场上批评医学，但语气比较温和，而傅兰雅的译文则常有对医生和药物的激烈批评。在对精神疗法效果的描述上，乌特亨利将治愈视为理所当然、自然而然的结果，因此并不多花笔墨，而傅兰雅的译文则要比原文夸张。

治心之理无形，五官不能知觉之，故常人见疑，不知万物生成之故，并非有形之质，实为无形之力，故人以外形为主，而不知其主实为内力[1]。近亦有教中人以为祷告求天则病必愈，又有以为此外必有神甫将油抹面则病退[2]，此亦为大误。盖天理万物，其法无变，有变则为混沌。若治心法则本天然，兹复其旧而已。世暂有祷告病愈之案，则必因祷告之外，顺天然法也。天岂因一人之祷告令万物混沌乎？又有教中令病者往远处庙宇或相传神迹之处求治而竟愈者有之，但其故与庙宇神迹毫不相关，全恃其人心有改变，故身亦改变，病即退耳[3]。

常人之能止可究目见之事，格致家所论之物，则可试验而知，如热、光、电虽为无形，亦可用器验之，又可从已知推及未知。惟治心不能用上法求其据，而令愚者明之，因非能用五官外究，必用心力内求也。故常人非但不

[1]这一句话之后，原文还有一句为译文所无：西方文明的普遍倾向是特别注重外在，几近于浮浅。原文“Occidental civilization in its general trend is distinctively external, almost superficial.”

[2]原文作“anointing”，指的应该是天主教的傅油圣礼。

[3]“盖天理万物”至“病即退耳”字句是在从精神疗法立场出发批驳信仰疗法（faith healing），原文指出信仰疗法没有认识到神为世界所订的法则是完美的、无可改变的，误以为神会以奇迹回应人的祈愿，这是超自然主义的残存，而精神疗法则完全符合神的法则，有智识的、科学的基础。

明，亦非思所及[1]。

常人每不明身心相关，并心为身主之理[2]。此理本极简明，不必上智亦能明之，但前人既误为玄妙，后人亦以误传误，又有辞不达意之文贻疑后代，故今之难处不在他而在无明者。耶稣讲道每寓此意，常谓最深之理，今不能道，众无此智也。凡讲理道，定名宜清，尤戒惮烦，西经云"下一命又下一命，下一令又下一令，传一诫又传一诫，传一律又传一律，在这里说一些，在那里说一些"[3]是矣。

无论何种新学，苟离前法，不但有驳者，更有以辣

[1]本段原文并未将精神疗法与自然科学做比较。原文"Spiritual healing is beyond ordinary intellectual apprehension. Transcending as it does the plane of the reasoning faculty, it cannot be proved by argumentative logic. It concerns the inner ego , and can only be comprehended by the deeper vision of the intuitional and spiritual nature. There is much objective truth which we are utterly unable to cognize until we have unfolded something of its kind and correspondence within ourselves."大意为：灵性治疗（spiritual healing）不能通过普通的智识来理解，无法用逻辑思辨来证明。它与内在自我相关，只能通过直觉和灵性的深层视野才能理解。世间还有许多客观真理我们完全无法认识，除非我们在自身之中找出与其相关的部分及其一致性。此处原文用的是"灵性治疗"一词，而非精神治疗，看起来新思想运动对"灵性"与"精神"两词的区分似乎并不很严格，但在后文中又很明确地将灵性解释为意识当中最深层、最本质的部分，那么这两个词的内涵还是不同的。

[2]本句原文为"Popular misapprehension also arises from the mystical and technical presentation of psychological principles."大意为：公众的误解也源于心理学原则的神秘性和技术性表现。中国流传不广，只在部分教会学校中开设有相关的课程，而且教师一般都没有受过专业训练。1889年颜永京牧师翻译、益智书会出版的《心灵学》一书是中国第一部汉译的西方心理学著作。傅兰雅翻译本书时还没有通用的中文心理学术语体系，而且从本书看来，他本人对心理学也并不了解，因此只能直接以"身心相关，并心为身主之理"这样的描述来翻译"心理学的原则"一词。

[3]《以赛亚书》28：10—13，和合本译为：命上加命、令上加令、律上加律、例上加例，这里一点、那里一点。

言趣语相嘲笑。医本令药性于病性相反，后设一法，用同性药治病，以热治热，以寒治寒，以毒治毒，故谓之同性法[1]，而旧法谓之反性法。今西国服反性法者虽多，然同性法渐亦兴旺，已有可立之基。美国有数邦遂欲设律禁之，亦因与前法不同耳，孰知愈禁而愈盛。夫以律法定医道之是非，何异定教派与国政。教派不但各国不同，即一国亦分若干派，各派再分若干分派，如国家定其一派为正教，其余俱为邪教，则大不合理。国政有民主者设定律，强改岂非违众，贻笑他邦。如今设新理与法，必假助于律法，则传者且疑其不足自立矣。故设律阻助俱属无益。

设有医生，用新法偶然误事，则新闻纸论扬于众，然旧法误事更多，乃俱不顾问。虽月有年轻人患症不治而死，然无人议之，一若人之求死，不可听由别法，必合庸医之规矩而死尔。

如治心免病法，亦难免有不成事，因其理虽正，其用法各处有不能过之界限。或医生于理尚未全通，或病者疑信参半，难于守法，卫侍之人或有疑阻之心，此俱为不成事之故，不如常法只须吞药若干服之为简易。故用此法，医生与病人必立定主意，又必靠天之感动而增其心力，不但彼此有同心，尤必与天心相合，方能成事[2]。故

---

[1]同性法指的是顺势疗法（homoeopathy）。顺势疗法是让患者服用高度稀释过的、能引起与其所患疾病症状相似之症状的药物，以激发病人自身康复能力的一种治疗方法，19世纪后半期在美国曾非常流行。当代医学界普遍认为顺势疗法很有可能并无实际疗效，效果仅相当于安慰剂。

[2]本句原文为“ but certain ideals must be brought to the front in the minds of both healer and patient, and there must be positive co-operation。”意为：治疗者与病人都必须重视某些理念，并建立起积极的合作关系。原文没有“又必靠天之感动而增其心力”的字句。

骤愈者少，只能以渐收效，因此常有人试无速效，疑而复用旧法。间有守旧之病人，其人则似自闭房室，施救无方。或有好酒色鸦片[1]、贪妒恶劣者，其心亦如自闭，不欲通光，显去其症。凡大乱之身，虽心已正，而身不能遽服之。惟深信此法为医理之正，则身久必服之，心信愈甚，身服愈早[2]。无论此中难处之大如何，只在有恒者立志成事而已。夫其难处不独在身，心亦关乎世，故其相阻之力，虽无形状，然空气中已通至病人之心，此与呼吸气相传同理[3]。夫顺水行舟，即不出力，亦数十里；逆而上之，有力难前，或反下流者有矣，世上逆众行事，其难大抵如此。西经云耶稣传道，用治心免病法，数处无效，其故俱因众人不信之力阻之也[4]。

又有要故，病人自觉心内多过，掩藏之不欲通光。盖光一通，则于已知数分过外，恐复有不及料之过，故不肯内观，只肯向外观人之过而议评之，是代人认过也[5]，因此亦不能用治心免病之法。

近用治心免病法之医生虽颇多，然尚未照常法治医，至大医学院读书作课，剖尸详察体内之理[6]，尚未在大医院为徒诊病若干年，得其考凭，因此难得众人之信。殊不

---

[1]原文作“secret sin”，未提及酒色鸦片。

[2]原文无“心信愈甚，身服愈早”。

[3]原文无“此与呼吸气相传同理”。原文大意为：我们身处其中的思想气氛之海（ocean of thought-atmosphere）是可感知的，因而有大量反对的影响——无形然而真实——需要克服。原文是用心理学概念去叙述这一现象的，并没有刻意用自然现象来做比拟。

[4]《马太福音》13：58，和合本译为：耶稣因为他们不信，就在那里不多行异能了。

[5]原文无“而议评之，是代人认过也”。

[6]“至大医学院读书作课，剖尸详察体内之理”字句原文为“conventional study, especially in pathology.”大意为：常规的学习，尤其是病理学。

思西经所云耶稣与其徒大能治病，然俱未在医院学习得考凭，且耶稣乃木工之子，其徒有为捕鱼等粗业者，只因其心已明，所成自非学士名人所及[1]。今医学院内读书穷理，始终无非将身不合法处查分尽细，故医徒心念不及身之无病与免病之法，盖恐无病则无医故，心无洁净，恃其乱意，遇症愈重则愈乐，以为显技之机，其行为于治病相反，此大有害于医道也。治心之医所学与存于心者为全美，视病人必视其有若干分精神而贵重之，病则不问而当作治愈，但将其应有之强、应行之职心内重记念之，久则病人之心与医生之心相同，从此病自退矣。总之，人心常思有病，则其害必至，反之其益亦必至。故可见人心念为最要，念如何则事亦渐成如何也[2]。

又有一故，致众不服。因传治心免病法大半女人，故易为不明者所疑[3]。然不必疑也。其故因女人寡欲，天真满怀，男人得一理与法已尽心力，乃女人一索得之。即如各国所有理法，大半恃男人之智慧考究得之，然皆为人心

[1]“殊不思西经所云耶稣与其徒大能治病”至“所成自非学士名人所及”字句原文为“But it is well to remember that in spiritual discernment and efficiency " God hath chosen the weak things of the world to confound the things which are mighty.”大意为：不要忘记在灵性的洞察力与效能上，“神……拣选了世上软弱的，叫那强壮的羞愧”。句中经文出自《哥林多前书》1：27。

[2]“今医学院内读书穷理”至“念如何则事亦渐成如何也”字句，原文认为病理学细究身体的各种异常，因而学习病理学反而对精神健康不利，使思想保持纯洁、健康、和谐，回避那些失调的、病态的场景才是对身体有益的，实施精神疗法者应该注重患者精神上的健康和潜力。此处原文虽然对病理学进行了不合理的批判，但并没有包含译文中“恐无病则无医故，心无洁净，恃其乱意，遇症愈重则愈乐，以为显技之机”这样严重的批评。

[3]从此处看，早期新思想运动影响力较大的人物虽然多是男性，但活跃成员可能大部分都是女性。根据注者手头的资料看，艾迪夫人建立的基督教科学派是个基本上由女性主导的团体，团体领导者全都是女性，成员大部分也是女性。

外事，而心内有关者，大半女易明于男，所考之理亦女深于男。各西国渐明此事，听女考究各种学问，与男平视，故西国近来有益之法，其兴盛多由男女并力。一家之中有心力者加及一倍，自一家而推及一国，其效可睹矣。故此新法易为女人通传，其故亦自亦明[1]。

无论何法，必用之方知其益。治心免病法已有数千人用之，虽重症亦能全愈[2]，且有人地为证，内多有品之人，则更无可疑。美国各大城镇内亦自有案可据，查之则大半因旧法用尽不效，而用新法见效，心大喜服[3]，欲传之与人，共其益以为取乐者也。然有驳之者曰传此不过为得利更便之法，此说无理，毁谤善人。夫劝用此法，其意重在治病，病愈者赠钱为谢，受之无妨；然治贫人亦同出力，盖为善也，如为致富之源，则每不灵验，因此等医生非天所喜用也[4]。

---

[1]原文认为女性虽然在知性上逊于男性，但直觉则胜过男性，在思想上也不像男性那样受传统的束缚，因此其心灵比男性更敏锐，其内观比男性更有洞察力、更确切，因此女性更容易认识到那些隐秘的真理。原文没有“一家之中有心力者加及一倍，自一家而推及一国，其效可睹矣”的字句，比起人与家、国的联系，新思想运动等灵性运动更重视个人的灵性生活和体验。另外，原文与灵知主义（Gnosticism）的主张有相似之处，灵知主义也重视女性的作用，认为女性更容易领会隐秘的智慧。19世纪是灵知主义的一个活跃期，这与灵性运动兴起的时期大致重合，两者之间可能存在某种联系。不过从本书来看，新思想运动和灵知主义虽然在重视人隐藏的灵性和直觉上相似，但新思想运动并不把神创造物质世界视为错误，而物质本身也不被视为邪恶，与灵知主义的态度还是有所不同的。

[2]原文无“虽重症亦能全愈”。

[3]“心大喜服”原文作“认识到更高级的思想（higher thought）的益处”。higher thought在新思想运动中是可以和the new thought互换使用的词，新思想运动起初并没有确定的名称，the new thought、higher thought等都经常被用来指代运动中发展起来的思想理念。

[4]原文无“病愈者赠钱为谢，受之无妨；然治贫人亦同出力，盖为善也”及“因此等医生非天所喜用也”字句。

设世间心身之病以年渐减而绝，则旧法犹废，新法何求，传之者亦何以自立。乃今阅新闻纸医报及国家记死病人数册，各国病症年甚一年。前之简症，今为繁而难治。疫病传流，医家尚昧其源，无法阻止。又因医生既多，分类专究，新病愈出。数十年前，各西国每千人配医不过一二人为中数[1]，近则加至五倍或十倍。又前用药简，今则新旧繁多，常医不及悉究；前分病类简而易辨，今亦不然。其故因人心欲考究病症，则病症愈显，然则愈考究人身坚实之法，以病为暂而非要，则病自消矣。彼天然度日之野禽兽绝少病症，并无医药，人岂不亦应如之[2]。唯文教各国新法迭出，饮食、居处、工作、礼俗俱离天然，故以致力弱，不足御病。疯痴院中几有人满之患，热闹处所人非醉不睡，制造通商之事，烦人之筹虑十倍于前，脑气筋受病，虽不疯痴，不能行职。以右各弊，俱因今人恃身外之法力而不恃心故，其弊易见。然此理易明，不必详言[3]。

世事既如上之说，则能得新法，各国人士岂不应平心以求其是乎？今者西历一千八百年将完，而一千九百年将来，曷不乘此满百年之机会将前者去之，而令来百年用行

[1]中数，平均数。

[2]“然则愈考究人身坚实之法”至本句末为原文所无。

[3]本段中乌特亨利把疾病种类增多、伤害增大归罪于医学的进步，固然是毫无道理的指责，但他指出现代人过度依赖医疗和药物，同时生活方式日益反自然，从而使得心身疾病对人的威胁比以往的时代来得更大，而且这个问题不仅关乎个人的决定，还与整个社会的经济、文化等方面都有密切的关系，使得问题更难解决，要想改变这种状况，人们必须重视精神更甚于物质，这些见解未必纯属无理之言。以今天的眼光来看，本书的内容肯定与科学标准相去甚远，但它所提出的问题及解答对于当代人的生活却仍然有意义。

新法乎？[1]今格致家深究电、热、博物各学，得益尚在身外，而与心有关如医学者，尚为草创，治心免病法所应得之益仅及一小分耳，然亦不可不贵重之，以稍解众人之病苦，倘以试用未详，遂等空谈，去而不问，是大不可。

[1]本句原文大意为：光荣、尊贵的19世纪行将结束，人们不应还像旧时代那样不宽容，认为真理是完整、封闭的天启知识。原文没有“曷不乘此满百年之机会将前者去之，而令来百年用行新法乎”的字句。

第二章　论人身

人身犹殿，所居者心。寻常之殿由外建成，心居之殿由内建成。万物最灵莫如人，各国皆称人为一小天地，盖因其美备也。天父造人，重爱若此，则人亦应尊洁其身，合乎心之所居。夫宫庙大厦，巧工所成，人身乃天为之，人心亦天与之。原质[1]各种人身，几全多寡相配，其妙无穷。有灵机[2]日夜喷血，遍通百体；身有五门，谓之五官，与外相通，远近大小之事俱能知觉之而报于内，令人通晓，万事万物其相关之理如此[3]。

人身亦显合力成事之法，各体虽有特职，然其行事令别体得益为多，故爱人如己、轻身救世之理亦于身体显明之。身内每质点、小珠、织质[4]有其职司，无不勤尽，盖无一体一职不全美者，故不能分贵贱上下也，有以某体某

[1]原质，推究，验证。

[2]灵机，灵巧的机关。原文中讲的是动脉和心脏搏动。

[3]在19世纪的西方社会中，宗教与科学的分离还在进行中，普通大众尚未明确觉察到这一分离。生物体各器官和机能之间系统有序的关系常被人们当作创造论、设计论，又或者是自然具有一个精神的、灵性的目的的证据。今天我们已经明白，人们总是希望得到明确的证据，能够证明生命的存在有目的、有意义，但这并不属于科学的领域，不能为信仰寻求科学的证明，然而仍然有人在进行这样的尝试。

[4]质点、小珠、织质，在原文中没有相对应的词，指的应该是分子、细胞、组织。

职为下贱者，则必不明身理。又不得谓某不洁净，因天父造物俱为洁净。即如《圣经》云，凡物本无不洁净者，如有人以为不洁净，在此人即为不洁净云云[1]。盖凡不洁净必在人之误，若依天意论之，人身最为洁净灵美。

查常人之身则难有洁净灵美者，与天父之意大相反。譬犹乐器，造之者原欲其奏声和雅，然不爱惜而乱用之，则不但声不悦耳，反觉厌闻。常人听身为主，饮食行为俱不合法，舍其有益者而反用有害之药，以为药能令人乱用其身尚可度日；甚者敬身如神，久则心亦服之，此时百体不和，助治功缺，医生即称为病，然其病不在心，而在身之乱[2]。

天父造身，所以为心也[3]，心器身以行意，是心为身主。然终未有能见之、听之或摸之者，因五官止能见人之身，而终不能分辨其心。如剖身用显微镜详查之，亦止能得其灵巧有职之体质而已[4]。

人身内又有性焉，类于别种动物。而性与心不同，因性与身相合而听命于心。动物以性为主，顺性行事，然人

---

[1]《罗马书》14：14，和合本译为：凡物本来没有不洁净的。唯独人以为不洁净的，在他就不洁净了。

[2]原文无“舍其有益者而反用有害之药，以为药能令人乱用其身尚可度日”“此时百体不和，助治功缺，医生即称为病，然其病不在心，而在身之乱”字句。

[3]原文大意为：神造人为“生活的灵”（living soul），因此人即是灵（he *is* a soul），而不仅是有灵的（not *has* a soul）。“living soul”出自《创世记》2：7：And the Lord God formed man of the dust of the ground, and breathed into his nostrils the breath of life, and man became a living soul. 和合本译为：耶和华神用地上的尘土造人，将生气吹在他鼻孔里，他就成了有灵的活人。因为新思想运动相信经文的字里行间蕴藏着灵性的意义，所以常常过分死抠字句。乌特亨利在这里引用的英文经文出自当时流行的钦定版，而现在英语世界最为流行的新国际版译法则有所不同，如最后一句为：and the man became a living being. 乌特亨利对经文的解释显然不适用于这种译法。

[4]本句为原文所无。

心在性上能管理之，管理合法，则身与性无不服心者[1]。

人不治性而乱用其性与身，则心渐失其权，而多病难治。各国古今之人俱知此弊，设法复心之原，以合天心，此教派之所以兴，但立教者于此理亦或有未全明，或后徒传误其语言，至今恶者常众，而善者常少，其故盖在于此。今欲新创一法，免以上各弊，此设治心免病法之

[1]本段原文“Just behind the seen and material human organism there is a sensuous mind, the most outer and fleshly of the immaterial part , which pertains especially to the body and acts directly upon it. Next with in is the intellectual zone, and still deeper, in the innermost, is the spiritual ego , the divine image. This is the Christ-plane, where dwells the perfect humanity. Here should be the throne and abiding-place of the consciousness. When there seated its primal spiritual energy is radiated; and it shines through, controls and harmonizes, the lower planes and expressions. When thus dominated , these inferior domains, in their own order and place, are concordant and symmetrical.”大意为：隐藏在可见的、物质的人类机体之后的是感觉的思维（a sensuous mind），这是人类无形部分中最外层和最物质的部分，它从属于身体，直接对身体起作用。再往里是智能的领域（the intellectual zone），而最深层是灵性的自我（the spiritual ego），即神的形象。这是基督的层面，是完美的人类所居之处，此处当为意识的王座和领地。原初精神能量位于此处时会向外流溢，并照耀、控制、协调那些较低的层面以及表达。当灵性自我像这样进行主宰时，这些较低级的主宰就会各就其位，协调而且系统。这段原文有很多概念较难翻译，傅兰雅用“性”的概念来勉强翻译，与原文的意思出入较大。原文与灵知主义的一些主张颇有相似之处。

意也[1]。万物质体不能有为，必籍[2]感动之力而成事，如磁泥必经工手方成器用[3]，其形式，泥不能自主也。凡质体乍有存灭，俱有感动之者在也。即人身论之，其外形如何，不过显其内念如何而已，如画者之显其意于画。故子孙者，祖宗几千万年心向之念变成有形之体也。又与照相法显身之理略同。故本身之高下、粗细、灵蠢、强弱原为前无穷代祖宗所传心念及后，数分则恃本人心所存念

[1]“人不治性而乱用其性与身”至“此设治心免病法之意也”，原文大意为：无知与误解会让人的精神反过来敬服外在的肉体，使得秩序变为混乱，导致罪、痛苦、疾病等不和谐现象。如果不恢复神圣的秩序，则“审判日”，即人内心深处的法庭下达谴责的正义判决之时，就会来临。通过恢复真实的、正常的精神来满足审判、重建和谐，正是精神与灵性科学（mental and spiritual science）的目标。原文没有“此教派之所以兴，但立教者于此理亦或有未全明，或后徒传误其语言，至今恶者常众，而善者常少，其故盖在于此”的字句。新思想运动和19世纪时其他许多社会思潮及宗教运动一样，对人性及人类美好的未来抱有过度的信心，因此它对于末日审判、地狱等观念的理解与传统基督宗教文化完全不同，末日审判被个人化，成了发生在个人内心深处的自省行为，不再是与世界、与人类命运密切相关的历史事件。新思想运动可以说只是借助基督宗教的灵性资源表达自己主张的新型宗教运动，而傅兰雅的信仰虽然也有不正统之处，但无疑仍是虔诚的基督教徒，他对于原书中有关“审判日”的几处论述都未做翻译，或索性按自己的意思来翻译。

[2]籍，借助。

[3]“磁泥必经工手方成器用”此处作“clay in the hands of the potter”，是出自《耶利米书》18：1—10的典故。

成之。[1]又如写信乃为纸墨之质，亦显写信人之心念，见信未见人，而人之大略可知，故身亦如信，见其外能知其中。[2]惟其变化最烦而缓，故心之念不能即刻外显，然久之必显，不及其身，必及其子孙，幼显祖宗之意，后显本人之意，显之法则由心以达身外，断无从身以达心内。

总上说可知，人身为乱为和，全恃以前之心念，则欲治身必先治心，否则为颠倒无理。譬犹河水既浊，而欲净之，则必自其源始，源净则流清，不然引他水以净河，非无暂功，过则复旧。故有表必有本，正表必先正本，认表作本，其误也大。夫表本相连，而不能颠离，亦天定之矣，人其能分之乎？

以前说观之可知，方药虽好，虽得准凭，然以格致理

[1]原文仅说人会通过遗传获得一些早期的影响和偏好（early color and bias），但这完全不会影响精神表达于外在的顺序，这一顺序总是由内而外的。原文没有“故本身之高下、粗细、灵蠢、强弱原为前无穷代祖宗所传心念及后，数分则恃本人心所存念成之”的字句，本段末“不及其身，必及其子孙，幼显祖宗之意，后显本人之意”也与原文本来的意思不同。傅兰雅可能相信遗传的决定作用，不过他并不清楚遗传是如何决定生物体性状的，因此觉得心念在其中起了重要作用。但我们也应当看到，当时现代遗传学还未建立，关于生物体性状是如何决定的，科学界并没有一定的看法，比如拉马克的“用进废退”理论认为意志和愿望能对生物体性状的决定发挥作用。乌特亨利则不注重遗传影响，新思想运动否定那种认为人是遗传和环境作用下的产物的进化论思想，认为这限制了人的自由。参见Horatio W. Dress, *A History of the New Thought Movement*, NuVision Publications, LLC 2008，p.10。

[2]原文此处作“It is ‘a living epistle known and read of all men’.”，“it”指肉体，单引号内文字应是出自《哥林多后书》3：1—2：Do we begin again to commend ourselves? Or need we, as some others, epistles of commendation to you, or letters of commendation from you? Ye are our epistle written in our hearts, known and read of all men. 和合本译为：我们岂是又举荐自己吗？岂像别人，用人的荐信给你们或用你们的荐信给人吗？你们就是我们的荐信，写在我们心里，被众人所知道、所念诵的。傅兰雅可能觉得此处原文偏离《圣经》原意，因此按原文上下文之意演绎出了本句。

论之，实为虚旧之法。假如以为治表无关于本，以心视作百体之一，则旧法或尚可用，然岂有是理乎？若果然，则心随质体以朽灭矣。夫人身死化为原质，然谓心与灵魂亦遂化灭，则无是理，各国古今人都知身死而心与灵魂永存不灭。考各国方药，俱以为药力能加入人身，改弱为强，不知人心即天心之一小分，如能恃天理而无阻，则自能恃天力而治病，又焉用药[1]？药品多半归内科，如论外科，则颇合格致理，故外科医生可当工匠，能以天然法治身，其工灵捷无误，则心力令体受治，然其功力不在医药，而在人心内之天力，否则割皮小口，虽合万国医力亦永不治。

各方药有新旧之分，新者易于通行，因信者已众，则似见效，然不久身价渐退，数十年后人皆忘之，有仍用之者，则病人与众必笑訾其医为不知新，则虽服无效矣。此可见药无力，力在心，信之则效，不信则不效也。今有明理之医，用无药性之食物如馒头类，合丸自称神药，遇大便不通者给令按时服若干粒，明言为重性泻药，服几时内必大泻，病者与众既深信之，届时则果如其言。此类见多，实无可疑。各国药品多至数千万种，其初人以何法知某药能治某病乎？大约俱为偶然疑及者，以疑传疑，而众渐信，因信则令药能显其人忆定之性耳。如每药有定性专效，则应永传，何以稍久则更用新者，如千人赛会，一一过无留者乎？推其所以杂盛之故，盖常药治病，医难致富，故以贱药制新方，张扬其效验，贵其售值，更不惜重

[1]此处原文中还引用了《约翰福音》11：44：Loose him and let him go.傅兰雅未译。这是耶稣使拉撒路复活后说的一句话，这句话放在此处，实难看出与经文原意的联系，只有通过“灵性解经”才能将两者联系起来。

资出新闻纸告白，或买其主笔赞扬，或买贫人发药验之，凭聚印万册，各处分送，则人咸信之，即有微效，而数千万病者囊中物已入此医之手而成巨富，不必他行其骗术矣，故良医深悉其弊而不信[1]。且不但此也，辨症命名亦有时式，死亦有雅俗名之异，今之死名最雅为心缺力[2]，近富贵家多犯此，名为死雅。

照上说可见药力大半在人心信与否，信而服之，深冀速痊，则每应之，故其实全恃心力，如能去之，则药性能否治病亦不难知，惟其不能，故众为所迷。或驳曰，婴者、睡者、疯者俱无知，而药仍显效，何也？非药与心无关，亦能治病乎？答曰，如子说，似药与心无关，而不知实有大相关者，因其受父母、亲戚、医生心念之感动，虽本人不之觉也，婴孩为尤易[3]。

又或驳曰，行此新法而概废古今各国之常药，则果何以取信于众乎？药实无性，而众重之，凡有形者易信，无形者难信，毋怪疑新法者之众也。此说似有理，治身与治心本大不同，初时自难兴行，惟文教愈通，真伪愈辨，不

---

[1]从“如每药有定性专效”至“故良医深悉其弊而不信”为原文所无。

[2]心缺力，原文作“heart failure”，即心力衰竭。

[3]本段中乌特亨利是用无意识（unconscious）来解释药的功效，认为医生发挥的心理影响，病人的信任，个人及大众对药物的神秘功效的信仰，病人及亲友的信念、希望、幻想、期待等才是实际起作用的因素，而这些因素也能通过精神气氛（psychic atmosphere）影响婴儿、睡者、疯人的无意识精神。乌特亨利认为心理学法则已经很好地建立起来了（well-ascertained），可以作为科学的、可靠的依据，然而此时心理学作为一门科学尚处于草创阶段，各种理论都还没有得到很好的阐释。

久必信行耳[1]。

又或驳曰，如此新法为真实，则旧法为伪虚，然其中颇有良名之医，何可斥其法为欺世哉！不知其法皆前人之法，则其咎皆前人之咎，与今人何涉焉。统论世医，则皆良善，岂有意为骗者，得吾法而忽尽灭之，则成巨祸，是当行之以渐也。近有名医，已知旧法之不善，畏人疑阻，则暗为改变，俟风气转移，则新法如日之升，而旧法亦将如日之下矣。余不敢云今之医药均无效[2]，但敢云为医道第一层功夫将来升至第二层，则第一层不必复讲。

又常有教中人驳曰，凡拜上天之人，只认一天父管理万庶，则一面用天付之药治病，一面用祷告求药有灵，可乎？此种人以药为天设治病法，昏念何据？夫天父筑路，令人易行，离则入险，然欲免险，只在归正，用药何补？正路直，险路邪，两路交角，险在其中。西教以十字架为常用记号，非无奥意，盖显行邪路之苦，十字架又显人心术行为，必从正为安[3]。又有等人驳曰，食物与药料大同小异，如何能定此为食物、为药料？如因消化难而改换食物，或荤改素，或减谷食果，然则即素与果为药，又何有

[1]本段中乌特亨利认为人类无意识地尊崇那些看起来拥有力量的东西，因此物质主义者普遍错误地将能量定位为蕴含在可感知的物体内。但这不是力，而是力造成的现象。从感觉水平的观点来看，没有任何更高级者能够进入其视野。就物理学而言，乌特亨利的这些观点也有些道理，例如“场”就难以仅凭感觉去认识，但这并不能证明医药的效力来自精神力量。原文无“初时自难兴行，惟文教愈通，真伪愈辨，不久必信行耳”字句，傅兰雅相信基督教与科学的结合即是福音，毕生致力于教育和传播科学的工作。这句话大概是他对自身信念的表达。

[2]原文无从“统论世医”至“则暗为改变”，及“余不敢云今之医药均无效”字句。

[3]“西教以十字架为常用记号”至“必从正为安”字句为原文所无。从本句看，傅兰雅对十字架含义的理解也不同于正统。

别？不知食物与药料大不相同，其分易辨。食物为合法养身之料，消化之以辅百体之力，用药收入身，但有药意而永无所成。盖身力为天力，人心即天心，药又能如之何？惟有阻滞或食不当食，固当去之以让天力。大凡病为天罚，服药何免？食物补身而无加于天力，药无补则在身内非有害即无用，总之万物止恃天力，用药增之反逆天意，似其心有两天父，岂非逆天之意哉？

各国常有人论心身之相关，即心主身服之说，虽其理甚高，尚未造乎其极。然治病之理，舍此莫由。常医但考易显之身病，而心症不理[1]，则治不求源，乱药害身，譬犹炉火过热，退热而不灭火也。今之治病，其误亦同。

查各国之人自古但考病源于身外，而不肯穷究人心，其故在不虚衷而善委过。听其说，似天创万物尚未合法，空气之有燥湿，水土之有冷热，天之有风雨阴晴，俱为造化之误，而成病之源。夫天创万物，无不全美，然顺用则益，逆用成祸，视天如朋友，则天亦视我如朋友，视天如寇仇，则天亦视我如寇仇。西经有言，因其人如何思量，则其人即为如何[2]。又云，我常想此祸患，则祸患必应验而来[3]。医道近与前大异，用药亦少，但如换水土、通沟等法，虽合于理，不足全恃，因俱在身外，而心症不能以此法去。

---

[1]此处原文作“We‘look on things after the outward appearance’, but in reality that which is before us is only symptomatic.”。所引经文出自《哥林多后书》10：7，同样脱离《圣经》语境，傅兰雅未照原文翻译。

[2]《箴言》23：7，和合本译为：因为他心怎样思量，他为人就是怎样。

[3]原文无“又云”至“则祸患必应验而来”字句，为傅兰雅所加。校注者未能查到出自《圣经》何处。

又常有人驳曰：病人换水土、游名胜，或在硫水源洗身、含铁水滨居住，则常有大效，此俱与心无关，则何故？不知病人之心与本处之事大有相关，或贸易费心，或家人不合，如换水土则无此害心之事，生出新念，似换新人。譬如弓弦松，则弓无攀力而复其原也。惟愚者即有某处水泉治病最灵之语耳。

考人心每有不知足之处，求名求利，得之尚不知足，所得愈多，所望愈奢。如饮酒与吸鸦片，初觉味浓，成瘾后必渐加，愈加愈不知足，此为何故？[1]但有一法能令人心知足，即圣天二字，心服之而思念之，其思念愈大，益趣愈多，觉世事空浮，只人心与天心相合乃为真福。但此种人甚少，常人虽亦知心饥心渴不能以有形之事、空浮之乐解之，然仍未肯改。又如格致家以为格致之学大盛，则病苦概免，不知心未感动，各事无用[2]。

医者皆知，人常致思于身之一体，则此体血聚生病，

---

[1]“如饮酒与吸鸦片”至“此为何故”字句为原文所无。

[2]这句话与谭嗣同的思想有相通之处，他在接触此书之前已经有“以心挽劫”的想法。谭嗣同在给老师欧阳中鹄的书信中曾说，“因念人所以灵者，以心也……心之力量虽天地不能比拟，虽天地之大可以由心成之、毁之、改造之，无不如意”，而“人心难静而易动者也。结冤甚易，解之甚难。静之以和平，天下自渐渐帖服；动之以操切，皆将诡诈流转，以心相战，由心达于外而劫运成矣。如两虎相斗，终于两毙而后已”，“嗣同既悟心源，便欲以心度一切苦恼众生，以心挽劫者，不惟发愿救本国，并彼极强盛之西国与夫含生之类，一切皆度之”。而格致不足以达成如此目的，格致“不论神奇到何地步，总是心为之。若能了得心之本原，当下即可做出万万年后之神奇，较彼格致家惟知依理以求，节节而为之，费无穷岁月始得者，利钝何止霄壤？傅兰雅精于格致者也，近于格致亦少有微词，以其不能直见心之本原也”。在读过《治心免病法》后，谭嗣同“不觉奇喜”，认为自己的主张得到了证明，本书可能坚定了他对“以心挽劫”的信心。不过谭嗣同所理解的“心力”似乎更接近于佛教所说的“神通”，与原书中论述的“灵性”其实有所不同。

或已病加变[1]，可知凡病全恃心思而成，推而上之，俱为前本人或前祖宗[2]之思念有误得之故，医生但察身病，每不能定其实病源。

每有人贱身而贵心，以身力强，心不能制，故姑残其身，不谨衣食，或割肉伤身，间有甘闭斗室，自立年限，以为如此心能归正，此其大误。因不知天意本欲人身全美，况身为心殿，安可轻残，但令身服于心而已。故耶稣云“不可因身事而有思虑”[3]，盖因有碍于心。

专重身者则又有弊，其人畏风、畏冷热、畏食物不化，终日念念在身，而不理心事，此种人与禽兽大同小异。夫愈思免祸，其祸愈近。夫人之家在心不在身，总之如心能管身，则一切饮食、衣服、寒暑、燥湿、风雨之事几可不觉，因此只能略感动人身，而不能感动人心。今以灯为譬，身为灯笼，心为灯光，心光从身内显出，而四周之人能见其华美，又能自乘其光，以明作事之无误[4]。

[1]此处原文仅说将思想集中在人体的某一部分，会引起该部分血液循环加速、流量增大，没有“则此体血聚生病，或已病加变”的意思。

[2]原文无“或前祖宗”字句。

[3]《马太福音》6：25，和合本译为：不要为生命忧虑吃什么、喝什么，为身体忧虑穿什么。

[4]此处与耶稣“你们是世上的光”的教训相似。现代社会中的各种灵性运动起源，都与现代社会的个体化倾向有密切关系，一般都重视参与者个人的主观信仰和灵性体验，并不像传统教会那样强调人与人的联系。但正如此处所显示的，这些运动其实也包含了追求世界大同的倾向，寓整合之意于高度个体化中。

第三章　论思念之力

西国近有多人详考人思念之力，所见益深于前。前有智者略知思念为万物之本，万物空虚，思念为实。今之考此理者年多于前，可知不久将得大有益于人之新理[1]。

万物显功，俱以天主天念为本；今得人思念为力之一，其力之重与益皆非前人所及料。古者希腊人名布拉多[2]、犹太人名保罗[3]、近美人名爱墨逊[4]皆自觉有此理，惟常人之智不及此。数年来明此理于心者渐多，尚未能达之于语言[5]。

---

[1]原文无“所见益深于前”“今之考此理者年多于前，可知不久将得大有益于人之新理”字句。

[2]布拉多，即古希腊著名哲学家柏拉图。

[3]保罗，即使徒圣保罗。

[4]爱墨逊，即拉尔夫·沃尔多·爱默生（Ralph Waldo Emerson，1803—1882），美国思想家、文学家。爱默生是超验主义者，也有着浓厚的个人主义色彩。他相信万物都与神相连，都有神性，同时高扬个人的价值，强调人的自立和至高无上。他还曾在公开演说中否定耶稣的神性，认为耶稣只是一个人类。他的宗教思想体现了时代精神对现代宗教的要求。爱默生对新思想运动的影响很大，新思想运动的信徒视他如同先知。参见Horatio W. Dresser，*A History of the New Thought Movement*. Sioux Falls：NuVision Publications，LLC.2008.p. 10。

[5]原文是说除了柏拉图、保罗、爱默生等人，还有许多人明白了这一点，他们在努力用语言表达它。这里的“许多人”指的可能是新思想运动的参与者。

古人有言，人为天子，又言人心为天心之影响[1]，故天人心之思念应大相关。近格致家得公法于万物，其法永定，乃据此本推考物理。间有虚托公法，众莫能辨，遇有与其法不合，则虽有名理[2]，去之不问，强万物以合其法，不合则归误于物，因此所谬甚多。幸今人尚实，不服前虚，盖众心前执而今化，故能服新理之正。

今世有力两种，彼此相争，一重身外之形，将其坏处概考详细而乐思念之；一重身内之实，专究万物之美而乐思念之，其坏处不理。[3]查各国史册，则知众所信考者俱在身外，而今则重外与重内两种之人分列如交阵之兵，彼此力争。

查各西国教派、医道、国政、戒酒劝善等事，渐亦分为两标，彼此相争，但所争非用人身，乃为人之思念，故其战场不在地某处而在众心。

人心思念所治本为身内无形之物，但人心与身与万物不能无相关，故心力必遍达而治之。又因人心思念为实力[4]，则能成虚形而治其事[5]，盖质体自本无力能为，只为心力动用之料。常人思念力小易误，则因与天意不合，合

[1]原文作“If man ... made ‘in His image’”。因此此处的“影响”可能应该是“影像”。

[2]名理之学是汉末至魏晋时期的一种思潮，通过考核名实、辨名析理来研究问题。在原文中与之相对应的词是investigation。

[3]原文作“On one side is ranged ‘realism’, pessimism, and the Without; and against them, idealism, optimism, and the Within.”。19世纪时，对人性的信赖及美好未来即将来到的信念，是西方社会的主旋律，这种以理想主义、乐观主义为基调的社会思想直到第一次世界大战时才被打破，但并未完全消失。此时兴起的各种灵性运动，包括新思想运动、新时代运动等，都是充满乐观精神的。

[4]实力，原文作“a positive active force”，即积极的、活跃的力量。

[5]成虚形而治其事，原文作“it shapes and controls matter”，即塑造、控制物质。

则其力忽大，而得奇能，亦因能用万物公法之益，故增力可至无穷倍。

凡人心思工作于身内永无休歇，仿似木工营舍，一志将料去旧加新。人身时有变化，其加减之轻重顺逆，俱为心思念之力所成[1]。然不服此说者众，反曰心为身之一职，思为脑之作用而脑水成之，与肝成汁、核成津以为用之理同。然如有此说，则人心身终不能相离，而存身死则心死矣，是断不可言也[2]。

或驳曰，心如何理身之事？如脉跳、呼吸、饮食消化变血等事，与心有何相关？此驳似有理，但详考之则知人身外显之事不过为心藏之力一小分耳，不啻以滴水与深海相较也[3]。人心思力作事，勤而无误，惟不全显于外，莫测其深。夫无心则无智识。虽不能测心力之深如何，而其作事法最精而详，亦非常思所及，但其源可查而得之。亦非难明者，即今日之所行为，显从前之思念，所谓从前者，不但昨一日、上一月、去一年之谓也，乃谓其一生之思念耳。

心又有一力，取名阴力[4]，其职即为应验本人所信之事，虽在知觉以内，而与知觉之主[5]无关，故病者为此心

[1]此处原文大意为：身体各种变化的基调与性质是由思想或思想的质量决定的。

[2]本句原文大意为：然而思想绝不可能与其生理基础相分离也是事实。

[3]本处原文大意为：意识的确没有直接指挥消化、吸收、心跳、呼吸等，但是意识仅位于潜意识（sub-conscious）的表层，只是精神储藏（mental reservoir）极小的一部分。乌特亨利显然认为消化、吸收、心跳、呼吸等是由意识控制的，但今天我们已经知道这些生理活动都属于先天性反射，会受意识影响，然而并不受其控制。

[4]阴力，原文作“personality”，即人格。

[5]知觉之主，原文作“consciousness”。

阴力所生，并非身得之也，知觉之主[1]尚未知身有病。如服药则恃心阴力而显其性，并非有化学之理，而常人误之也。如因有化学之变化在身内，则人死之后心身已离，通其药入尸，何以不显其性耶？此为实据，可知药性不能直通入身即显应验，必先经人心。而心阴力即照众人之意[2]分验其性，众意无变，故皆以药为应有此性，令人服之。

上所言心阴力深而难改，除改思念外无他法，思念先正则阴力随之。譬如深池久浊，改通清流，久之全池得清。故改心阴力之浊为全心之清，亦必如此。既改则其人不畏病、不染疫。从此可见人之思念为最要，一浊则俱浊。然改之为时虽久，而全心既清，阴力自灭，[3]有病与乱一至心门即速推去，若曰与我无干。其人前后之不同，似有两心，凡知此理，则世间与心有关之事本不明者后可明之[4]。

今人因知万物有永定之公法理之故，于人有相关者能用格致法考之，得其详实之理。然不但此有形者应如此，即心中无形之思念亦当如此。夫思念实有大力。众则驳曰：此何用乎？能令世上改祸为福乎？能令人智不足者改为足乎？能令弱病者改为坚实乎？能者犹有益，然空理无

[1]知觉之主，原文作“conscious ego”。

[2]众人之意，原文为“general belief”。

[3]原文无“阴力自灭”字句。从此处看，傅兰雅并不理解心理学的各种概念，如人格、潜意识等。

[4]本句原文大意为：认识到人具有这两种不同的精神，以及它们的职能和运作之间合理的区别，就能解释大量本来无法理解的现象。此处“两种不同的精神”，指的应该是意识和更深层的意识如潜意识、人格等。

凭，如何能益？[1]

考万力之大，以人思念为最，思念有变化，其有相关者最烦。[2]近西国考知万物内必有一种流质，谓之以太。无论最远之恒星，中间并非真空，必有此以太满之，即地上空气质点之中亦有此以太，即玻璃罩内用抽气筒尽其气，亦仍有之。盖无处无之，无法去之。如无此以太，则太阳与恒行星等光不能通至地面。如声无空气则不传，此可用抽气筒显其据。空气传声，以太传思念，同一理[3]。

---

[1]本段原文大意为：今天的唯心主义（idealism）完全不同于以往。由于对规律普遍性的无知，它以前是推测性的、空想的、不可靠的。这种情况到最近仍然基本如此，例如柏克莱主教（Bishop Berkeley）的时候，在某种程度上，甚至直到与我们同时代的爱默生时。但在我们已经确定了的秩序的支配下，它成为确实的、科学的。实用是当今的口号。唯心主义对什么是有益的呢？它能鼓舞人类，并使软弱的精神和失调的肉体恢复吗？

近代以来科学所取得的莫大权威使得许多思潮都向科学靠拢，自称是“科学的”来证明自己主张的正确性，但对于怎样才是科学的总是凭着一己之识武断地加以论断。例如孔德就试图用科学研究自然界的方法来研究人类社会，把他的社会学称为“社会物理学”。然而“孔德声称用显微镜之类的工具对现象进行的任何过于细微的研究都是有害的，所以实证社会的精神权力对此应予禁止，因为它有可能颠覆实证科学的定律”。哈耶克著，冯克利译：《科学的反革命：理性滥用之研究》，南京：译林出版社2003年版，第5页。新思想运动也是如此，它主张依靠心理自疗来治病，其依据仅为当时还在草创阶段的心理学，其中还包括许多自出机杼的理论，却不断声明这套方法极具科学性。根据它的思想创立的基督教科学派更直接把“科学”放在名字里。实际上这些自称“科学”者，往往与科学相去极远。从本书的内容来看，idealism可能应该译为心灵主义或理念论。

[2]烦，多。本句原文大意为：我们发现被称为思想的巨大力量之间，具有科学的关系、关联和变化。

[3]原文无从“近西国考知万物内必有一种流质”到“同一理”字句，为傅兰雅所加的对“以太”一词的解释。以太在19世纪的物理学中指的是一种充斥于宇宙中的粒子，充当光波、电磁波的传播媒介，但在后来的研究中始终未能发现这种粒子，科学界最终放弃了这一概念。傅兰雅的这段话指出了以太无处不在和作为传播媒介的性质，符合当时物理学界对以太的定义。至于“以太传思念”的论述，如果将思念看作一种电磁波，则也没有违背当时的物理学。

不问路之远近与五官能否知觉之事物，凡此人发一思念，则感动以太传于别人之心，令亦有此思念[1]。一遇同心，则彼此思念和合，如遇相反，则厌之而退。人虽不觉思念有形声，然实能感通人心，此理常人皆知而不明。夫思念不可作为空虚，须视如金石之实，然以金石比则金石犹如朝露，惟思念乃真实耐久也。

万物之力既明其理，而后得制用于人。如电气一力，万年以前地面有之，千年以前人知之未能用之，因其理尚未明也。

夫格致所考显之力与事，查其源皆为天心思念之显形于万物者，其法永定无乱，人合其法用之，则其力断无间歇之弊，有不效用必误，电力外可类推[2]。

---

[1]此处原文作“its vibrations project themselves in waves through the ether, regardless of distance and other sensuous limitations”。“ether”一词在原书中仅出现了这一次，乌特亨利显然并没有把它当成一个重要的概念，本书的“科学依据”基本上都出自心理学而非物理学。此处还用了vibrations和waves来论述思念的传播方式，可以推断乌特亨利确实认为思念属于电磁波。另，19世纪70年代起，医学界掀起了研究脑电波的热潮，这也可能影响了乌特亨利在这个问题上的认识。傅兰雅在译文当中给以太做了一段详细的解释，以方便不懂近代物理学的读者理解，这使得“以太”一词得到了强调。谭嗣同因此注意到了以太，通过谭的恣意发挥，“以太”被视为宇宙的本质，是他本体论的核心概念。例如，《仁学》开篇即说：偏法界、虚空界、众生界，有至大、至精微，无所不胶粘、不贯洽、不筦络，而充满之一物焉，目不得而色，耳不得而声，口鼻不得而臭味，无以名之，名之曰“以太”。其显于用也，孔谓之“仁”，谓之“元”，谓之“性”；墨谓之“兼爱”；佛谓之“性海”，谓之“慈悲”；耶谓之“灵魂”，谓之“爱人如己”、“视敌如友”；格致家谓之“爱力”、“吸力”；咸是物也。见谭嗣同著，蔡尚思、方行编：《谭嗣同全集》，北京：中华书局1981年版，1998年重印，第293—294页。

[2]本句原文大意为：回溯每一种力与现象，都能找到其起源，也就是思想的运作；思想的活动是规律的、有秩序的，是可靠的。原文中“思想”用的是Mind，指的肯定不是个人的思想，但译为“天心思念”似乎也不妥当，因为新思想运动所说的神既是外在超越的，也是内在超越的，“天心思念”体现不出这层意思。

人心思念既可令身生病，又可令身治病，其理法颇似用电。初人闻电能运车舟、能发大光成灯、能发大热化炼金类、能治病，皆疑作空谈，后常见则信用而受益。电力大矣，然人思念之力较之更大而灵，人初不明，亦作空谈，不料将来其能力必大胜于电也。

凡有思念则必求有形之料显之。如工人思得一广华之居，则必建成以毕念；机匠忽得新法，亦必成之心始安，不然则不乐而念塞。但房屋机器过其年限必至废坏，而造之者之思念则长存不灭至无穷年后，人或仿之或改之，然此一人之思念在天地间永存无灭。

查各国医学书，俱载人心思念妄乱致病之案，如骄、贪、怨、怒、畏、妒、荒淫，诸事皆大有害于身，令身力弱。脑气筋[1]病，设用显微镜详查其身之织质、膜质、脑气筋等，则能显其不合法处，化学试料亦能显其质体性情与前不同[2]。又如格致学[3]与教中反误天父爱人之心，伪设身像，令众见惧，讲说地狱，绘画永苦骇目之状，俱大害于身之内质。身质最精之脑筋与脉管等受害，不但令身暂病，间因此久病不治者有之。夫思念妄乱致病之故，可举一事言之，如怒则食滞，致血变酸性，津腋不畅则病，此各有定据，不必详论。

前有瑞典国人久年考人思念与身相关之理[4]，其言

[1]脑气筋，神经。

[2]原文无此句。

[3]原文无“格致学”字句，仅提到了错误的哲学、中世纪神学、错误的神的观念以及对永罚的信仰。19世纪的乐观精神体现在宗教当中，经常表现为高度颂扬神的爱，否定永罚、地狱等。

[4]瑞典国人，原文作“Swedenborg”，指的是伊曼纽·史威登堡。“久年考人思念与身相关之理”原文为“在通灵状况下”。

曰，思念有改，遍身随之，如脏腑、肉心、胃肝、内肾等无不即改，思念善则俱善，思念乱则俱乱。即以畏惧论之，父母或经畏惧之事，其儿生前体内已受此感动；生时母亦大畏惧，其儿亦为感受教养一切；父母一路畏惧，其子亦自生畏惧；屈指一生，无日不在畏惧中，心则因而缩压不长，身即随之终弱。此人身应思念改变之据无可疑者。

如一代之人如此推之，数百千代俱如此，则此不合法之思念必有一代显于身。前人以为天父怒世人犯罪，故预设地狱令死后永苦，以此为言，其有害于历代祖宗之心不胜言矣，为其后代者能有一日无病，可谓异事。夫天父爱人之心至重，不但无此妄怒，方时将其爱与力通入人心，为人除难，凡生于世已受前代之贻误者，仍当以天赐之力驱恶养善。

虽有多人明知不合之思念有害于身，然未思及合法之思念有益于身，彼此相斗，坏念故不能速灭[1]。此人类则知其一，未知其二也。其意以为人不能主思念，而思念能主人，人在思念中如漂浮小舟于急水，听其所止，或遇旋流，则舟亦旋。其愚不思人当理其思念，乃为思念所主，盖思念顺之易而理之难，惰者遂舍难而就易。不但此也，思念已坏，则愈近恶，已不足则又加取别人之恶于身内。虽未敢显于众前，亦必藏于心内，养结成果，其果若何？数月年后必显。间有心中大苦，良心感发，其人则知错而改。然此种人甚少，至死不改者多。一心恶念困苦甚于地

[1]原文无“彼此相斗，坏念故不能速灭”字句。

狱，此即其结成之果也[1]。

人能去其思念之不合法者，则合法者有益于身，令身坚壮。若两相比较则有益于人之力更大于有害于人者，有本无本、顺天逆天之故也。故不合法之思念虽满宇内，终因无本不久。万物实力俱本于善，故俱于人有益。又人有不合法之思念则应验为大小病痛，间有甚难堪者，但非天意复仇，实警其行路之错，欲归正之也，然则病痛必有大益于人。

人之思念坦白无隐，则于己亦益，盖不但行为为人见，即思念亦为人见。故论人品不在外事，当以思念之善恶定之。查西经所载耶稣以此道训人之说最为真正，惟世人尚未明其奥妙，总之改不合法之思念为合法，乃人生在世第一要事。

常人每不能自理其思念，其故因以前之思念不正，不能倏复。非无好善恶恶之心，然事至则恶念忽发，久而不去，则层引无穷，几患不能自去。顺水行舟，一遇危险，非力挽则必不能免祸，然其事甚难，常人所畏。夫恶念如此，反之，有一善念而贵重之，则亦层引无穷，可以改正其一切而显于身，不但本人觉之，即亲朋相与之人亦必知之。[2]此理并无可疑，如推算题，依法不误，有误必用非其法。

照上说可知人最要事为心内善念，既得之尤必培养

[1]“间有心中大苦”至“此即其结成之果也”字句原文大意为：结果“审判日”会迅速到来。那不是外来的、武断的大型普遍审判，而是一种自我施加的、发自内心的地狱般的状态，这种有益的惩罚会防止人走到自我毁灭的地步。败坏的思想会带来一种救赎的、必不可少的教育和进化，但其达成十分艰难，代价高昂。

[2]原文无“不但本人觉之，即亲朋相与之人亦必知之”字句。

之，使习惯如水所经，久则成溪，而水溪不离。以此法去恶养善，则心广体胖，清空无蔽。初难而终易，先苦而后乐，有不可以言语形容者矣。

凡人心其实处不为有形之体，乃为无形之思念。思念之善者，其留于心也，如建屋有基，自基加功，渐成华厦，若心无善念，则可自创一念为基，积累之亦成，是在人心愿为之耳。凡人各有此能，可一试而自知果尔。则其心岂特不为下贱哉？虽举而置诸太上亦有何难。其要道有二，一为仰上，一为虚衷，其仰上如花仰承天光而成丽卉嘉果，其虚衷如抽气筒抽器成真空，以待清气之冲实。盖心向上则升虚，则善念能入，人心思念尽善则恶念自无站处，西经云“不怀恶念念尽善”[1]即此意也。而使心得善念之法只在交善人、行善事，凡有不善，不入耳目，遇人只求其善行而奖劝之，如此不但人受其益，而己心长善之功亦捷，此培养之要法。夫愈求人之善，则人之善愈足吾求，愈思身无病，则身愈强，反之亦皆然。然则人之病也，皆求恶之思念招之也[2]。

总之，心之思念可用操身法操练。身之肌肉、脑筋，合法操练则能结实免病，否则弱，病易乘。惟思念亦然，

---

[1]引用的这句经文原文无，为傅兰雅所加，出处可能是《哥林多前书》13：5中的一句“thinketh no evil”。

[2]求人之善，原文作“optimism”，即乐观主义；求恶之思念，原文作“pessimism”，即悲观主义。原文无“愈思身无病，则身愈强”字句。

常操以善，则心坚壮，不生恶念[1]。夫恶念经心，则存其影于心，如照相之留相于玻璃或纸面同理。故禁之不入为最要。各新闻纸所载论说事实，战争伤杀、作奸犯科、灾患疫疠，诸不善事十居其九，日阅于目，恶照于心，则乱莠满田，不能复望五谷之生长矣。

病者心之虚意也，不助则不长，存根则速茂而结果。故有人畏疫则疫易染之，或得父母及众人之畏惧，亦易受病[2]。夫病非造于天，乃生于人思念之误，其生力即人信畏所与之力也，其存根即人以病为实也。有识者心有自主，偶病则能以天赐之心力驱逐之也[3]。

然世虽有此心力之人，而左右前后多不净者，则何以收正心念？此说近是。但此书所论，格致为本，则难处虽大，而用其法必成其事。如汽力创始于壶水，及其既成，则万里飙浪不足抵御，是在合法用之而已。人心所遇世上

[1]本句原文大意为：不仅通常被分类为罪恶的思想训练（thought-exercises）要被放弃，就连那些关于失调、丑恶和死亡的概念也应该被排除。原文中“思想训练”一词意义不明确，本书中提到了对思想的自律和控制等，这些应该也属于思想训练范畴，此处这种被认为是罪恶的思想训练不知具体指的是什么。但傅兰雅将之翻译为“心之思念可用操身法操练”，并把思想训练与锻炼身体相比较，认为可以用加强善念来锻炼思想，使之坚强，这超出了原文的意思。就本书的内容来看，作者显然并不认为个人的思想有强弱的差别，只有是否觉察到了自身灵性的区别，灵性不能量化，没有增减的问题。傅兰雅的翻译对谭嗣同造成了影响，谭说“心力不能骤增，则莫若开一讲求心之学派，专治佛家所谓愿力，英士乌特亨立所谓治心免病法”。见谭嗣同著，蔡尚思、方行编：《谭嗣同全集》，北京：中华书局1981年版，1998年重印，第357页。

[2]本句中，“有人畏疫”的“畏”在原文中指的是人有意识（conscious）的畏惧，“或得父母及众人之畏惧”的“畏惧”指的是人通过遗传或环境获得的无意识（unconscious）的畏惧。

[3]本句原文大意为：人应该通过把握自己高级的、灵性的自我，使自己脱离“罪和死的律”这不是不可能的、空想的成就。“罪和死的律”即“the law of sin and death”出自《罗马书》8：2。

颠顿亦大矣，然能以格致为基训练其思念，则何足以御之[1]。

如将古今人比而论之，则善人渐多。因此化及常人，此事年盛，百岁内病与恶者将渐灭绝，寿长百龄不为异事，死丧因之罕见。其理如推算题，有一定把握[2]。

从此可见医生不当察病致有此思念外显，如庸医详分门类，著书立说，以误传误，自以为格致之一端，而实不相干。比犹木工不名台华屋之制是究，而究及蓬荜之户，画工不读名人手笔，而推摹俗墨，方详记其诸不合法于心内，则安望其有过人之工乎？故西医学堂每有学生详考一种病症而本身即得此病。且不惟害己，更以害众，似以众人受苦不足，再加此一种。又有医生诊病，告人曰“病深矣，难治”，病人信之，病果加而死[3]。又有人少觉心跳，并非要症，因畏求医，医生正色作容诊久言曰：“大概肉心有病，须慎饮食举动，否则将成险症。”其人发惧

---

[1]从“此说近是”至“则何足以御之”为原文所无。本段原文“While during this generation none may fully attain the pure ideal, on account of the great ocean of surrounding materialism in which all are immersed, yet even now enough is practical to prove the mathematical exactness of the principle , and that health and wholeness are teachable and have an absolute educational and scientific basis. Past thought has limited us in all directions. We have tethered ourselves to self-imposed posts by imaginary cords.”大意为：然而在这一代人中大概没有谁能达成这一理想，因为所有人都被物质主义包围着，即便实践已经完全可以证明精神治疗法则的正确，可以证明健康和人的完全（health and wholeness）是可以教授的（teachable），是有着绝对的教育和科学基础（absolute educational and scientific basis）的。过去的思维在方方面面都限制着我们。我们已经用想象之绳把自己束缚在了自己认定的位置上。在当代的灵性运动中，治疗仍然是一个吸引参与者的重要因素，本段中出现的一些词语，如健康、完全（身心灵全人）、教育等，对于现在许多喜爱灵修和生命教育的中国人而言，应该是耳熟能详的。

[2]原文无“其理如推算题，有一定把握”字句。

[3]“且不惟害己”至“病果加而死”两句为原文所无。

心乱，念念在此肉心，其形如何，其跳动如何，其发回血如何，愈有此思念，则心愈难行职，无病而为有病，久之亦死。此皆非死症，乃为医生一言所定，惜哉，世常见此案也。医本仁术，如此实同杀虐，所以医道当去其一切之误，改而正之，斯为得矣[1]。

又间有医生主无病之说，而语气过重，转令病人生疑；又有真病虽不告病人而令亲友知之，则仍有相感之力；又如西国病名，大半为腊丁文字，多而烦，病者不解，不免生疑，此亦为医学所忌。

从以上之说可见，凡欲治病，无论为己为人，第一要事必概除不合法之思念，洗心极净，加入合法之思念，不至全美不止，充足于中而发现于外，则病不待治矣。

详考人身心相关之理，则不能不恍然于身之全恃思念，故欲加一生之福寿，必先正一心之思念。西经云，人分内外，内人如何，则外人如何[2]。西经又论耶稣治病法，发一言而病即退。一心全善，虽语言亦能愈人之病，凡人能之，不必疑畏。盖天父造物，无不全善，因其心全善也，人心全善，则通入百体，亦必至善，此说易明，不必复赘。

[1]“此皆非死症”至“斯为得矣”两句为原文所无。

[2]原文没有这句经文，为傅兰雅所加，出处可能是《箴言》23：7：as a man thinketh in his heart, so is he.

第四章　论知觉级层

天生万物，自简而繁，而最繁莫如人。若以级层分万物，则人当归第五级层，其各次第俱有定准，可举而论之。第一级层为原质层，即今格致家所分六十余种原质是也；第二级层为化学层，即各原质有特性而能化合成繁质，或为两原质所成，或为多原质所成，而成质与原质其性不同，亦有大异者，化学书特详言之；第三级层为植物层，即原质为植物所收，成其体质，其变化烦矣，然止能收化本处所有料，生长其体质，至别处之料无法得之，因不能行动故也；第四级层为动物层，能收植物于身内，变化成体，有消化、喷血、行动、思念等器具，俱为远胜植物者；第五级层为人层，人与上四者所有之别为有见识、思念，能制造、贸易等事，俱非动植物所能也，故称之为万物之灵[1]。但此五级层之变化已早成功，今有初变数分、尚未全成者，即第六级层是。此层谓之灵心层，亦可谓之知觉神灵层。此层者，变化若干分者则与常人大不相同。而五官之外另有一官，可称第六官或称总官，此官不

[1]原文中这五个级层（plane）只有名字并无说明，说明文字为傅兰雅所加。

用目而能见，不用耳而能听，不用手而能摸也[1]。第七级层为天心层，凡变化至此层者，其心与天心合而为一，耶稣每显其据。耶稣又名基督，取意在此，形虽为人，心合于天，尝自云我与我父合而为一，时人莫明其意，即今犹多不解其妙之人[2]。

东方各国论人之本性，分法各不同，大略为七层，一为身，二为生命，三为灵体，四为生灵，五为智灵，六为圣灵，七为天灵，即人能知觉天父之灵魂也。[3]亦有别教只分五层者，其分目较宽。

---

[1]关于第六级层原文仅说人具有一种灵性的能力（a spiritual faculty），这种能力可称为第六级层或意识状态（state of consciousness），第六种感觉也被称为直觉。“此层者，变化若干分者则与常人大不相同”“此官不用目而能见，不用耳而能听，不用手而能摸也”为原文所无。第六官，即第六感。

[2]原文大意为：第七级层是神性的或基督的层级，到达此层人就可以与神合而为一。这里划分七个层级的方式中显然包含着进化的观念，但与当时西方社会中流行的通俗进化论（如社会达尔文主义等）并不相同，虽然两者在非科学这一点上是一致的。通俗进化论抛弃了达尔文主义的理论核心自然选择学说，只保留了进化的概念，并将其扭曲为一种单一方向的、普遍进步的观念，而根据自然选择学说，选择导致的进化是多方向、多进程的，其结果是适应而非进步，而且适应还是相对的。此外，通俗进化论还在自然界与人类社会之间进行不当类比，一味强调自由竞争与适者生存，尝试用科学取代宗教来为当时的社会道德和价值标准提供保证，这使得这种进化观具有强烈的物质主义特征。而新思想运动的进化论虽然也是单一方向、普遍进步的，但它将对灵性的体认和把握看成进化的决定因素，只从对灵性的理解和运用程度来判断进化程度，这带有明显的唯灵论色彩，与通俗进化论完全不同。虽然这两者都认为自己是“科学的”，但实际上，通俗进化论是在歪曲科学理论的基础上形成的错误理论，而新思想运动的进化论则是建立在非科学的理论基础之上的别种理论。不过19世纪末20世纪初的中国正处在列强环伺、危机深重的情况下，有志之士无不苦苦寻求自强救国之道，为了“唤醒中国”，通俗进化论才合乎他们的需要，新思想运动的进化观是不可能得到他们的理解和重视的。

[3]东方的某些秘仪体系在人当中找到七种成分，原文所录七种成分分别为：the physical organism，the vitality，the astral body，he animal soul，the intelligent of human soul，the spiritual soul，the divine soul or God-consciousness。

但此书原意非欲迷乱人之知识，故不必考此东方幽邃之理[1]，分七分五俱可不问，只求有益于人，则仅需将人知觉之事分为三大级层，令众人易知易明。一为五官之知觉，二为理精之知觉，三为神灵之知觉[2]，三者相合而成人，亦实相合而成心。盖心非身而为身主，非五官所能知觉者[3]。

人心之居处可以身譬之[4]。今有屋上中下三层[5]，或常居一层，或任换何层，其人可以自主。惟心亦然，特是习俗移人，振作为难，心力失其操练，正觉离不得此最下之层[6]。兹故先论最下层，此层之知觉用身与五官。夫身与五官天创之，本全美，有大乐，饮食以养身，衣服以彰体，山水花木之悦目，鸟兽好音之乐耳听，人利取而不竭[7]。盖人按时而合法居之，顺天意也，如不求上达，不获其利，反受其害，则非天意。大约婴儿俱居下层，幼年应升至第二层，成人应上第一层，而三层并用[8]。此以渐变化，自简而繁，若不向上，变化不成，身乱多病。非特不升，有已升而复落者，纵欲无耻以为乐，酒与鸦片遂成

---

[1]东方幽邃之理，原文作“occultism or theosophy”，即神秘学或通神学；

[2]理精之知觉，原文作“the intellectual talent, or reasoning consciousness”，即智能或理性意识；神灵之知觉，原文作“the intuitive faculty, or spiritual consciousness”，即直觉能力或灵性意识。

[3]“盖心非身而为身主，非五官所能知觉者”此句为原文所无。

[4]本句原文大意为：意识可以被描述为自我（ego）与其直接的思想环境之间的联系。

[5]上中下三层，指的就是上一段所说的意识的三大级层。

[6]原文无“振作为难，心力失其操练，正觉离不得此最下之层”字句。

[7]原文无“有大乐，饮食以养身，衣服以彰体，山水花木之悦目，鸟兽好音之乐耳听，人利取而不竭”字句。

[8]此句原文大意为：自我应该不断努力改善自己的居住偏好，从低层升至高层。

瘾，终身不能以上升，人虽未死，已成废料[1]。

又有多人，身未变坏，惯行之事亦无大害，然无知无念，或究心格致工艺等学，而常居中下层。其上层有高旷豪华之乐，亦非思所及。迨身老气衰，五官不聪，虽欲上升而不能，此皆坐失其终身之乐者也[2]。

五官之知觉以身为主，而不知其主实在身内，为无形者[3]。凡误此理，受病必多。因其人常居下层，卑湿昏暗，莫辨真伪，见虚影则惊为鬼。五官外别无知觉，昏然服食，心居身内若已死者。然年未极衰，一旦醒悟，其心之力仍能驱除前恶，离下上升，以合天意[4]。

人所贵有神灵之知觉者，非为治病，治病乃傍及之事也。盖所恃以通晓天心之指教[5]。夫心中觉有言语，即天之言语，如肯听此天语，则身外乱音不入于耳，而心得平安。此事亦为耶稣所明言之，定为正理。总之耶稣因能明以上之理，自觉此心与天心合而为一，故亦能显出天

[1]“非特不升”至“已成废料”此句为原文所无。

[2]原文无“或究心格致工艺等学”“迨身老气衰，五官不聪，虽欲上升而不能，此皆坐失其终身之乐者也”字句。傅兰雅将半生精力花在翻译格致、工艺等书上，虽获得了物质和荣誉的回报，但精神上却是苦多乐少，此时他已近暮年，仍难以自拔，此处的这几句话或许正是他对自己半生行迹的感叹。

[3]本句原文大意为：感官意识的显著特征是它实际上将肉身看成自己。

[4]这两句原文大意为：意识生活、运作、居住在感觉的虚假形式中，它将自己与被称为自然的外在体系联系在一起，并依赖着自然，因而变得屈服于外在环境。这就形成了“自然的”或亚当的（Adamic）人，用保罗的话来说就是肉体的人（carnal man）。罪、混乱和所有的不和谐就在这种人里面。当自我提升至灵性生活的领域，显现出人内在的神之影像时，正当的至高者之主宰（possession of a legitimate supremacy）就会凌驾于感觉联系和物质束缚。原文没有“昏然服食”至“以合天意”字句，傅兰雅加上这些话可能有勉励自己勿以衰迈为念，在灵性生活上继续追求进步的意思。

[5]本句原文大意为：神圣的灵是位教育者，“他要引导你们明白一切的真理”。所引经文出自《约翰福音》16：13，此处的“他”指的是“真理的圣灵”。

心[1]。西经云耶稣能一言而治病，其门徒及初立教者俱有此能力，惟以后之教士不理心内事，不听天在人心内言语，但恃教门所得权，治人身外事，行礼诵经，建华丽之堂，铸铿锵之乐，务名忘实，故千余年之教会生气毫无，会中人不但不能治人之病，并不能自治其病，致须猛药代其心力，其误乃至于此[2]。然万国人心，初未改变，所以心力不如耶稣者，非不如也，人不悟耳。如能用正理而合法，则与耶稣及其门徒成事之效必能相同[3]。

人心愈得神灵之知觉，则愈喜格致等有益之学。故从来格致名人得大益者，俱有神灵之知觉，其心必有与天心相合处[4]。盖无论文艺、商务、政事本皆无碍于神灵之知觉，反得用其知觉全究天下之理，因彼此俱为正理，有相合无相碍也。况天父显现不一，其法在人心内，在万物中，在格致、教派内，在圣人默示书中内，法各不同而皆为显现之端，故无不和。

夫立教原所以正人之思念，而令心醒悟，以合天意，以全身职也。故身病心乱则显人心与天有大不和，而教不能去其不和，则其教为无用有害。如其教既化人于善，又除病于先，则其教为实事求是。若今之教派，乃以行虚出

[1]本句原文大意为：这是基督的原理（Christ-principle），“是道路、真理、生命”。人发现神以及所有与神一样的完全（wholeness）的途径，都是通过他身内的基督。所引经文出自《约翰福音》14：6，这句话是耶稣对门徒多马“我们不知道你往哪里去，怎么知道那条路呢”的疑问所做之回答中的一句，“我就是道路、真理、生命”。

[2]原文无“故千余年之教会生气毫无”至“其误乃至于此”字句。

[3]此处原文大意为：如果生命在过去曾被启示，那现在也还是可以，因为基督的灵和实质仍像具现化在拿撒勒人耶稣身上的时候一样真实地存在着。由此可见，新思想运动将基督和拿撒勒人耶稣区分为两个概念。

[4]原文无“人心愈得神灵之知觉”至“其心必有与天心相合处”字句。

奇为事，点香火礼拜，口讲指画无非空虚[1]。耶稣云，去我之法无他法[2]。凡人心中俱有与天合一之力，如种子必有生长之力。然必得地生气，得天光暖雨露以润之，肥沃以培之，则发芽生枝，久年而成硕木。向使闭种在箱，虽千万年无生成之理，是之谓失其本源，而欲成事也难矣[3]。

人心内虽有此大力，然往往绝灭不显，将用何法令众自觉而受其益，如种之发芽成树乎？世上度日艰难者多，身病心苦甚，有自寻短见者，此等人又将何法令其醒悟，与天相合乎？各教中应深思其故而设之法，勿得则勿措也[4]。

粮食满仓，得之足以济众，但其门闭，则必求钥启之。人心亦然，所缺者钥也。其钥维何，即操练思念向上而已。夫思念愈练而愈强，先苦而后有大乐[5]。凡人任为何业，昼夜必有安静时，或夜不能睡，俱为操练思念机会。或按时在静室、寂园休息五官，扫除世念，专使心发善念[6]。试行一月，已得大乐，有不能自己[7]之势。不久则

[1]此处原文大意为：宗教可以被定义为一种以灵性意识（spiritual consciousness）和正确思想（right thinking）为特征的生活。神圣（完整）是灵性生活的自然结果和证明。如今这种具有活力的宗教恢复了，被视为信仰、教义、仪式，若是外在行为的宗教是没有这样的力量和活力的。

[2]本句原文大意为：主说“若不藉着我，没有人能到父那里去”。也就是要通过人身内的基督原理或本质，经文出自《约翰福音》14：6。

[3]此处原文大意为：每个人都是神之子，有着神性的种子，当其成长之时，所有的力量和可能性都会实现。此处傅兰雅的译文与耶稣所作的撒种的比喻有几分相似，与原文那种一味乐天的意趣颇不相同。

[4]原文无“各教中应深思其故而设之法，勿得则勿措也”字句。

[5]此处原文大意为：思想的自律与控制是获得灵性所贮藏的力量与成就的钥匙，真挚的愿望与追求则是提供动力和热情的发动机。原文无“夫思念愈练而愈强，先苦而后有大乐”字句。

[6]原文无“或按时在静室寂园休息五官，扫除世念，专使心发善念”字句。

[7]此处“己”字应为刊刻之误，应为“已”。

心中有耳，其灵足以分辨天父之言语，初时声微，久则能清；心中有目，亦渐在暗中微得明光，其光渐大，觉人心与天心相照，五官似息，心有平波万里、水天一色之致，而发大仁爱心治病力足[1]。此等人其神灵之知觉为已发芽，可望茂盛。又觉有命在天，凡一切名利俗乐，取之皆是。盖天为父，我为子，故天必与我以益也，不但足己，有余益人[2]。天人心之相照相亲，逾于至亲密友[3]。心光大照，小病偶来，易显易治。此俱耶稣自试得此大力，立成一大教派，久必通行万国获益[4]。

人心果能如此，其光必向外，百体感动，病乱散除。然此亦非异事，只因合天造物之公意与法。无论何国何人，俱应得此之益，其求之也愈力，则得之也愈速。西经言耶稣一日上山，久动此思念，面发明白大光，门徒见而生畏，实亦如以上之说而已[5]。

凡正理不仅身外所有律法、格致、医学中之一事，实为心中神灵知觉显天父像之法。常人全恃外貌，心不同

---

[1]原文无“心中有目，亦渐在暗中微得明光，其光渐大，觉人心与天心相照”“而发大仁爱心治病力足”字句。

[2]原文无“此等人其神灵之知觉为已发芽”至“有余益人”字句。

[3]此处原文大意为：自我会逐渐意识到它是与神的存在（Divine Presence）面对面的，威能、治疗、爱和充满慈爱的生活与我们之间的距离比我们彼此之间的距离还短。

[4]原文无“心光大照”至“久必通行万国获益”字句。

[5]原文在本段之前还有一段，内容大致是描述通过锻炼进入灵性生活后所能感受到的爱、和谐、喜乐，人的灵魂与亲魂（Parent-Soul）联系在一起，在人身内的生活的基督（the living Christ within）被启示出来，这是真正的登山变像（true “Mount of Transfiguration”）。这一段的内容偏离基督宗教信仰，因此可能被傅兰雅弃去不译，仅在本段末加了一句对耶稣变像的描述。

天[1]。夫身合于性，而性非身主，亦无主身之权，惟彼夺而心让之，此为祸病之基[2]。其误由来已渐，自古有知而识不足，不能得正免之法，今人稍近，可望不久皆知其法维何，即操练治心之法也[3]。夫人一生所遇之事，无非为操练之机会，可不慎欤[4]？

常人分善恶为两实事，而不知万物有善无恶，无恶以为恶者，虚意也。心眼有病，不辨正形，知觉因此而坏，心因此而显病于身。故身犹器，听命于主，主者心也，然误身即主者皆是矣。身心虽连而实分，身蔽其心，则不得已而与之同流，至死则身归泥土，心独分存[5]。故有咏心诗曰：密帘摭心，彼此相间。虽遇同衷，莫由自见[6]。

---

[1]本句原文大意为：外在的形式主义使我们失去了灵性的可塑性，因而失去了神性的充盈。

[2]本句原文大意为：肉体只是灵魂表现自己的工具，心之至善就是身之拯救。作为户主的人魂（soul-man）必须坚持好好管理他的家。肉身（flesh-man）的篡权是人类所有不幸的基础。

[3]“其误由来已渐”至“即操练治心之法也”此句为原文所无。

[4]本句原文大意为：这就是“堕落”，它是永远循环的错误，而不是地方历史中的一个事件；它是对灵魂的教育（a soul-education），其代价高昂与否，取决于人对其理解的程度。

[5]以上两句原文大意为：整个宇宙在没有偏差时，对人的灵魂是友好的，所有表面上的不友好都源于肉身那扭曲的视域。当肉体回到它本来的、从属的位置时，所有的自然秩序就又会对它友好。物质的人不是真正的人，只是真正的人的工具和表达。人类的至高需求即是作为灵的真正自我掌控人的意识。人类怀着他当下乃是一个肉体存在的错觉四处劳作，但是，即使人必须依赖这具肉皮囊，他也仍是他终归要成为的真正的灵。

[6]此诗作者为美国作家克里斯多夫·皮尔森·克兰奇（Christopher Pearse Cranch, 1813—1892），他是爱默生等人成立的超验主义俱乐部（Transcendental Club）的成员。原文作“We are spirits clad in veils; Man by man was never seen; All our deep communing fails To remove the shadowy screen.”。

知觉有误，思念有伪，俱显身外。人每误心有病，而不知人心为天心像，天能病，人心亦能病，天不能病，人心亦不能病，天能病乎？夫病胡为何来哉，不过注其心之误伪。故病有大益于心，令其醒悟而归于正。西经譬诸浪子，败其父业，远遁不归，及备尝饥寒之苦则醒悟而归于父所。世之年少者其深念之，慎勿效浪子之所为，则一生受福无穷矣[1]。

神灵之知觉能通晓万物天成、万力天与，天永无离人心之内，天亦永无离而恒有爱人而欲治病之意，则为极乐。盖见无一物无天，无一人无天。得此美意，任行何事，其美必显。常人所称为恶者，此人不见焉；常人所称为病者，此人不觉焉。其人之身与人合、与万物合、与天合，总之无不合。此非虚意，人能臻之，要在有志而已[2]。

从此可见，心已醒悟者必常思有益于众而设之法。其法当视众人俱可为天父爱子，俱有与天合之心。暂尚未合，不必责罚其过误，但明告以心内应得之福，应为天爱子，应与天心合，否则大失享福之机，而重受祸苦。用劝感之法则所化必众，盖以人为善，则人渐归于善，以人为恶，则其恶必加。然则人恶有增，于我不能无所责矣[3]。

---

[1]“世之年少者其深念之”至“则一生受福无穷矣”字句为原文所无。

[2]以上三句原文大意为：病态之物从我们的意识中消散，对我们而言不再存在。不和谐变得只是和谐的前奏曲，而神会作为无限和永恒的爱、仁慈的律法以及智慧显现于世。这将使得天堂（和谐）变成一种可实现的状态降临到现世生活中来。

[3]本段原文大意为：我们能够赠给我们周围（those about us，从书中其他地方的论述来看，此处是指包含人在内的周围一切生命）的最贵重、最有帮助的思想就是充分认识到他们都是神的化身（divine incarnations）。他们是“叫人活的灵”（quickening spirits，出自《哥林多前书》15：45，在经文中这个词指代的本是“末后的亚当”，也就是耶稣基督），在其内心最深处都是神之子。以这样的领悟去看待和把握他们，是我们为了恢复他们的完全及和谐，而能给予他们的最强力和最纯粹的“精神治疗”（mental treatment）。

第五章　总论

总以上四章之理可知，治心免病法为常人易学而易传[1]。亦非全恃人志大小，彼此感动而成，盖所恃者理。理具人心，思念久之则显其益，虽不无难处，俱不足畏[2]。又可见天力无论为耶稣或众人所显，俱合于定法，而治病并非有反于身心之理，盖天行事安静无变，耶稣及其门徒亦用此天然之法而已[3]。

凡人最要之智慧为知己，而常人喜考身外万物，或目前相关之事，而向内观心时少。教学之法，学者不过受书理入记性，教者更心向外照。故心学虽精而可乐，众皆不知。如格致学中近用精器妙法考万物至细极微。用远镜分光，求各恒星远近，考恒星为何原质所成，又知虽称恒星，实有行动之理法及根源交关终始之事。又用显微镜考微生物为目力不能辨者，得知其变化生长作用之法，

[1]“治心免病法为常人易学而易传”原文作“health is teachable”，直译则为：健康是可以传授的。

[2]“理具人心”至“俱不足畏”字句为原文所无。

[3]本句原文大意为：没有治疗者拥有天生的力量可以恢复意识的健康，但他可以指明道路，亲切地帮助有这个意愿的人逐步上升。我们也可以推断，即便是由基督所完全显出的神圣力量，也只能依照人体组织那齐整的生理规则来治疗人。“神之国”（“kingdom of God”）的降临绝不会打破或忽视永定的程序，而是会静静地沿着不变真理和预先备好的路线前来。

而知各病源为极微动植物入血，致全身为害。其理可谓精矣，其用心可谓深矣，然不过有形之质体。而无形之心学虽与万物极相关而更精妙，然人不知亦不求，徒劳心思于下品，枉称万物之灵矣。昔贤有言，“学问中最难知己”[1]，故治心为要；又有言“人类应治之学以治心为首”[2]，观此可以知所要矣。

考人身心乃心力所建成，而非天代之也，[3]凡有生命之物则皆然。盖心力由质体发显。因质体无性、无力、无能，不过心力把持之，以便于显形而已。故其所成之形必与心相配，有猛虎之心，则建料成形即为猛虎，余亦类推。且不但形与心配，即其质体之纯杂美恶亦必相配，貌有爱憎，形有乱正，俱显其本心如何而已。如刻工画师心有美人，则显于像画亦美，不然则否。间有格致家[4]误以心为质体一性，因此重究各质体，故教中及医道等几不理其心矣。数年内渐能知质体以五官之知觉为界限，不过为试炼人心之料。心力得长，质体有助[5]。故心须管理之如汽机电机，令照人心行事略同。然则身不过为灵巧之机器而已，机器不服人则机器废，身不服心则身废，常人不能将身心分而思论之，俱以为身即心而心即身，是犹以造汽机者为汽机，汽机即造汽机者也。惟心与身相连极紧，故难辨，第一要义在辨心耶身耶熟[6]为我，久思则清而身

[1]原文作“Make it thy business to know thyself, which is the most difficult lesson in the world.”，出自塞万提斯《堂吉诃德·下卷·第四十二章》。

[2]原文作“The proper study of mankind is man.”，出自亚历山大·蒲柏《人论》。

[3]本句原文大意为：人的肉体是由其无形的居民建成的，这并不是为了肉体。

[4]格致家，原文作“pseudo-science”，即“伪科学”。

[5]本句原文大意为：物质作为灵魂发展中的衬托扮演了一个重要的角色。

[6]熟，通“孰”。

服心。凡戒酒、鸦片，必明此理，否则首层工夫不能下手[1]。

如身力有缺而欲补之，则必由心补之。池水将竭，引取于别河，人心亦然，必得多发善念，恒通入心。但本人不足则别人必助之，其发力之猛如海潮之不可遏，则足以感动之矣。凡治人病必用此法，虽无方药、言语而胜于方药言语多矣。夫所以感动之而病即愈者，以其本有此能力，只因一时之不足而已，如琴瑟不调，得巧工着手，则发音之乐耳如故也。总之心力满足则诸善流隘[2]，病无能容之处[3]。

治人之病不但为教中应行之大职分，亦与格致之理有相关，盖彼此相服相助，乃万物运化之源[4]。万物之形性分类烦多，而各有不同，如植一木生叶，同在一本，而每叶有小别，各动物类亦然[5]。苟不相为服助，则各益不显，人为尤甚。故凡善人自觉得益，即思分助于人，分助之后，非特不自缺，而反有余。人之所以行医者，非为利

[1]“凡戒酒、鸦片”至“否则首层工夫不能下手”字句为原文所无。

[2]隘，应为溢。

[3]本段原文主要是描述治疗者是如何帮助被治者的，傅兰雅的译文大致没有偏离原文的意思，只是译文不像原文那样带有灵性运动的色彩。

[4]本句原文大意为：医疗服务不仅有宗教的背书，还有科学的证明，因为互助是一种基本法则。

[5]“万物之形性分类烦多”至“各动物类亦然”字句为原文所无。

也，正以自觉有余，而欲分助于人以益也[1]。

镜之照面，妍丑毕见，镜中有丑，即人面有丑，但将其镜琢磨调画之，不能易其丑也，因其故不在镜。人身犹心之镜，病非身病也，则必先治其心，心有不善之思念，则必从心过身而显出。故医生勤求各病，终不免有病意刻入心内，发于身而传于人。

有人内觉心之根为天像，无形无体，久在身内，以身为殿，则此思念不久必显；又有人以人为最贱，比以蚯蚓；又有云人心本恶，立教为改恶为善，此意常存，亦不免于显。然则免病之法但治心，知善不知恶[2]而已，则此种人不但在得救路上，乃已救出。

万物之实俱为心中思念建成，万物有不善，即显人心之不善。如影戏灯照画片于白布，欲改布上之画，先改灯内之片。人心本有善无恶，所存恶者俱人自启门让入也。然则人心当与天心合力坚守其门，俾恶不得入也。此非虚意，乃为实理。

身心力弱，外物之感动易受。如疫时关守心门无力，或心不平安，自启其门，则疫病直入身，得之则宾客之、养护之，令其渐长。又譬心有正反之面，正面向外则能收

[1]此处原文大意为：人类的不平等和多样化是必要的，否则服务的法则就没有实施的机会了。不平等的状况为神性和人性的流溢提供了有利的基础，这要持续到所有分离的、碎片化的利益全都统一起来。当灵性的利他主义大潮冲破自我的边界，它将淹没所有污浊的心灵之池。患者内观他的精神领域，会发现被悄悄种下的完全（wholeness）的种子已在发芽生长，在他自己的合作之下，终将长成。或许他的灵魂还能被比作一张敏感的画布，治疗者在其上勾勒出美丽的轮廓，并填上和谐的颜色。此处原文所表现的理想有一点世界大同的意味，也有些自利利他的色彩。

[2]知善不知恶，原文为“Look at and magnify the divine within them”即注视并赞美自己内心的神性。

束本心，反之微风偶吹则大震动[1]。如疫有染不染者，何故？力能当与不能当之分也[2]。有人畏疫，此畏字即有相请之意。夫病本无力，力乃人授，盖人弱则病强也。

今查各国人，无论分合[3]言之，大都为弱者，即前所云心门不守，心之反面向外也，而改弱为强必以渐成。然不下手则永不成，今为下手最要之时[4]。各国人必立志自主，不愿复为贱役，奉伺恶主，令身服心，令心力能胜外事。是为合万物之公法，万物之力即归我用，是为合天之原意，天乃即刻相助。此事极易明而易行，惟人多不以全美为心，故志不足恃[5]。

然有人驳曰：免病全恃有定法[6]，其法合理而易明，人何敢去之，且恐概改新法，弊加十倍[7]。此说亦非无理。但凡有法，必与用法者相配，植物有植物之法，动物有动物之法，人身亦有人身之法，人心亦有人心之法，俱出自然[8]。但其高下贵贱有不同，高贵者能管下贱，内者管外，无形之力管有形之体。譬如地面所有之物无论如何必不能远离地面，皆受制于地吸力也，而人心之力能制百

[1]本句原文大意为：我们随风飘荡、随波逐流，是因为我们表现出的是我们消极的一面而非积极的一面。

[2]本句原文大意为：如果几个人同样地接触了传染病，有人患病，有人没有，这决定性地证明了疫病没有真正的效力，染不染病完全是个受不受环境影响的问题。

[3]分合，原文作“the individual and the race”即“个人与种族”。

[4]原文无“然不下手则永不成，今为下手最要之时”字句，为傅兰雅所加。

[5]本句原文大意为：经院哲学培养出的诡诈体系总是会被动摇，不值得依赖。

[6]定法，原文作“hygienic law”即“卫生学的法则”。

[7]原文无“且恐概改新法，弊加十倍”字句。

[8]本句原文大意为：然而，当我们学会依靠高级法则时，我们就能逐渐减轻我们不幸地被低级法则操控的状况。

体与此理同[1]。身弱易病之人考究保身各法，慎寒暖，节饮食，出力运动，可谓勤慎，虽不无微效，然皆在下贱。倘从事于高贵之心，则此各事胜之有余。

凡心中之思念，不能不向外传[2]。其力如无风水面，投以小石，则成圈形之浪，层层推开，遇边岸犹成回浪，其力皆一小石之力也，思念所发亦成此浪[3]。又如琴瑟弹动其一弦，则左右同式之弦必发同声，此感动之力也。思念感动人之理亦与此同，凡遇同类，无论隐显，必有感动。

常人好言病以为谈助，又似以病为一大学问。两人相遇，彼此问好，或问精神如何，或问贵恙愈否，或先谈己病，谈毕又谈亲戚朋友、本国别国之病，又谈某医用某法治某病见效，不惮烦琐，津津乐道。明理者闻而厌之，以为此不过引病之法，令病意聚于心内，不如其谈别有益之事也。

存无病心传于外，不论至何处、见何人，所见者必觉有益，病不敢谈，亦不敢思，因自觉此人不宜。若存心于病者遇人，人即谈病，因觉宜。此明理人见疏客提病则不覆，心中重发一念，令其改谈他事，则此人不久觉而从之[4]。

---

[1]本句原文大意为：确实，在其所属的层级中，法则不会被废除或暂停，但更高级的法则能克服它。当某人举起一个重物时，属于人类意志的高级法则不会废除或暂停重力的作用，但会克服它。

[2]外传，原文作“radiates and propagates itself, and brings its outward correspondence into action.”。即辐射和传播自身，并带动外界与它一致者。

[3]“其力如无风水面”至“思念所发亦成此浪”字句为原文所无。

[4]本段原文大意为：认为健康是常态的人会向外传播这种想法，他的实存也会得到加强和提升。灵性已得到发展的精神带有真正的光环，它会让人得到安宁和恢复，但物质主义总是会像重力一样把它往下拉，使它坠入尘土和死亡中。

古圣俱云人原无病，与天相类，即希腊贤者苏孤拉脱亦称圣己，此俱指心言之。[1]查心之善深，非五官知觉所能测，人久念上两说之意，知人心乃天心之像，则神灵之知觉得此意，钉之不忘[2]。

从来西人视西经不过为善恶之章程，何为善而可为，何为恶而不可为，近愈详考而知西经亦与格致之理相同。盖格致者，格致万物内所有之公法而用之，令众人得益也。今观耶稣在山当众讲论一则，与此理相合，可见其同。但格致所考以形体为界，犹为下层之公法，而耶稣所讲乃上层之公法也。又如耶稣以前有贤人以赛亚尝云，惟仰望主者必增膂力，如鹰张翅，令其奔趋不致困乏，行走不致疲倦云云[3]。此所谓仰望主者亦不过顺天所设之公法而作事。

身无病则能显其心[4]。心愈清而行合法，则心得小光，其光渐大，所行愈易。又正理之益非思所及，人心皆备之[5]。人常曰"某事大好，不能为"[6]，其实心中之好，

[1]苏孤拉脱，现通译为苏格拉底；圣己，原文为作"the divine self"；心，原文作"the real self"。

[2]本句原文大意为：它（指real self）是真实的神谕，其深邃、智慧的话语胜过智识的任何表达和意见。我们必须认定它是唯一真实的自我（ego），是神的形象，直到这一事实深深嵌入我们的意识。

[3]《以赛亚书》40：31，和合本译为：但那等候耶和华的，必从新得力。他们必如鹰展翅上腾，他们奔跑却不困倦，行走却不疲乏。

[4]身无病，原文作"wholeness"；心，原文作"the true self"。

[5]这两句原文大意为：灵性的法则完全是实用的。当我们感觉到它并遵循它规划的道路时，它会把它无穷的潜力提供给我们。通过诚心诚意锻炼那些我们已经拥有的东西，我们能对真理有更清楚的认知。真理远比我们所能想象的更为美好。我们应当毫无邪念，只居住在善之中，不用这之外的东西来建筑我们灵魂圣殿的墙壁。

[6]"某事大好，不能为"，原文作"it is too good to be true"，即事情太好，因而无法实现。

言语难达。惟心有大光者，必向外显明，肌肉皮骨无不通光，为众人所知觉。自古以来，凡有圣贤，莫不有光，但其大小不等[1]。耶稣所有之光，亦为极大，此光不但能照当时之人，又能通至各国，虽将逾二千年，不但不少衰，反而常有加大，盖过他人一切之光，将来更大无可量[2]。

医生欲为人治病或归正人心，则不可问身之病，但心中重发无病之思念令人感动[3]。即使肉身因病渐死，亦属常事，盖肉身无力改正，存之极易大误，且身死心不死，惟心失职，不能为善，则譬以身死不能行事。故耶稣传道常指出本人已死，须用法令其复活，本人者即心也。耶稣之意以为人心虽死，并不如身之已死不复生，只在感动之耳[4]。又有教中人常说魔鬼诱人，地狱永苦等语，其实并无其事，当时之人不明，此各名目不过为形容心内所觉之意，则以为有形之事。以有益于人之比喻变为有害于人之伪事，与耶稣立言原意大相背谬[5]。明理者不将此误意作心中建殿之料，意全美则无不全美。

穷理于质体，此大误也，格致家易犯此弊。化分万物，显放微质，又求永生之法，以为有缺则死，补缺永

[1]“自古以来”至“但其大小不等”字句为原文所无。

[2]本句原文大意为：在耶稣身上显出的神圣化身（the deific incarnation）不会被贬低或轻视，反倒是处于不同灵性发展程度的所有人类要被提升到他的程度。

[3]本句原文大意为：我们与朋友交谈时应该在意识中把握住他的真正自我，通过对它进行呼吁来帮助它显现出来。

[4]此处原文大意为：“在亚当里众人都死了；照样，在基督里众人也都要复活。”出自《哥林多前书》15：22。亚当的状况（the Adamic condition）是错误的、肉体的，指向死亡；这种死亡并非身体死亡，而是对善的感觉会消失。在基督里众人都要“复活”，即是说基督的意识（the Christly consciousness）是生命，是健康，是和平，它会使那些似乎与之相反的东西消散。

[5]“以有益于人之比喻变为有害于人之伪事，与耶稣立言原意大相背谬”字句为原文所无。

生，不知天创人身，毫无缺憾，心力充足，无可加减，只能令其发显长大而已。况化学家化存之原质六十余种，为无穷小之质点[1]，不论五官及器具，无法能分辨之。然如将原质相并，成人五官所能知觉之料，细察亦必为空虚无实者[2]。故质体虚也，人心实也[3]。质体者，心力所暂时据凭以显其内之思念而已。而老则释之，则质仍归原，故实理之本不在质体，而在用此质体之心力[4]。

如考究身坚实无病之事，此为实事，故其效可渐令身无病，反其所考则效亦相反。故医生愈考有害于人之微生物，或为病根之微虫，记传人知，则令众疑万物而虑常事，重加疑虑，则甚其累。

心内神灵之知觉完足，全心正理，则无一物能害之，空虚如命运、巫妖、符咒等事更不能于此人有害。

教中间有人以人心为本恶，故无论遇见何人，必当其为恶人，多年无恶，始信为善者。此人因常欲查人之不善，则人必生出不善之处，以应验其意，盖疑其人即如以铁链摄其心与恶为连。此种人不明人之有恶因智慧不足所成，足则无恶也。又有人以为众人时获罪于天，讨天之怒。见人怒必有害于人，则以为天怒亦然，终不思及天有爱人之心。此种人亦不知人获罪于天不过为不守天法，不能不示以刑，其刑亦人所自招，一改即并无另加之刑。

---

[1]原质，指化学元素；质点，指原子。

[2]本句原文大意为：因而，原子的存在只是一种智识上的抽象概念（an intellectual abstraction）而已。

[3]本句原文大意为：事物的灵魂或生命才是真正的事物，这一点对于一棵树也好，一个人也好都是真实的。

[4]“而老则释之”至“而在用此质体之心力”字句为原文所无。

盖刑之意不过欲人归正路，而如无此刑则为恶无底，不至灭身，害心不止。天故爱之，设刑以防，令人免受更大之苦，则其本于爱人之心深矣。夫人之知觉已至中层，则当以中层为善，下层为不善，如此时复向下层则有天刑令其折回本层，升入上层。凡人俱应至神灵之知觉一层，已至而化，则不为恶。在下各层则不能无恶，有恶则有苦以戒之，然则刑者爱也，非害也[1]。

西经云：从信心发出之祷告可以救病人，使其起身，所犯罪过必蒙赦免[2]。而耶稣初设教时常有此事，但其后徒废去。虽常有祷告，而信心已缺，凡祷告有半信半疑之意，或全为疑，则必不能有救。若信心之祷告则预存所求必成之心，不在言语，而在行事。又祷告者常云天命令人受苦受难，此种祷告亦毫无益处，因其苦难并非天与，乃人所自招[3]。西经常云天永无变，今如此，前如此，后亦如此。但观教书中之常言，似天前待人厚，今似不能，又似不肯，又似求之方肯，此俱为误教中人。如能显出信心，言行相合，则有祷必应，人皆敬服[4]。

如有相爱之亲朋，而心中时疑其受病害，则其病害

[1]本段原文大意为：相信人类生来即堕落的人无时无刻不在铸造锁链，将自己与混乱和缺陷绑在一起。他的努力是出于一种幻觉，即罪（无知导致的错误）使他背负着“神之怒”，会有惩罚降临于他。不过惩罚虽然是严峻的，但它确实也是仁慈的、纠正性的。它是防止人走向自我毁灭的“火焰之剑”。从更为先进的层面上看，恶是发展或变革的一定阶段所表现出的面貌。这样观察的话其偏离法则是明显的，但法则最终会将其导入正道。

[2]《雅各书》5：15，和合本译为：出于信心的祈祷要救那病人，主必叫他起来；他若犯了罪，也必蒙赦免。

[3]这两句原文大意为：这样的祷告者所求的是那已经实现的救赎，这种祈求可能会使我们屈服于混乱、痛苦、审判，而永不能变得正常或可爱。

[4]“如能显出信心”至“人皆敬服”字句为原文所无。

引至。如以万善为念，则人已受益，俱有信心而知觉升长。总之救人时虑病害则永不能救，反之则可以得应有之福[1]。

如有人信以上之说，明其理而试用之，则应自觉有进益，但不能即得，必以久练得之。故其用功，上升少许亦可落下，再得上升，但其大概下落少，上升多，虽落而复进更易，久之则臻绝顶。其故因身心有相争之势，身久为主，不肯一旦忽让于心，久之心力渐大，身之阻力渐小，必至全服为止。但间有身既全服，忽再显大力，心不能制，常见有如此者，但久之心不能不胜，身不能不败，此为定理[2]。有人出力制身，身内似有火炙，其凶猛如此。但火力足以去其不善，如炼金去异质，而真金不畏火，火过则知为虚惊，而其功乃能归人于正[3]。

凡治各病之法，以治心内之思念为本。思念之善者以一爱字为总，常人心不平安，即因爱字欠缺。如见人或事，不觉可爱，反厌之，以为人皆恶我，必防其害，万物与我为敌，怨风骂雨，此等人不但自弃其乐，人见之者亦觉少兴，因其不相爱也。本心有爱之人，无论遇见何人何事，必当为益我而爱我者。此念一发，四周之人大觉有

---

[1]本句原文大意为：高级的演化证明纯粹的乐观理念是真实且科学的，它是能够拯救人类的伟大因素。

[2]原文无“其故因身心有相争之势”至“此为定理”字句。

[3]此处原文大意为：错误都是有教益的，通过犯错我们才能有所成长。低级的、有错的自我会不断与绝望斗争，但真理是不可战胜的，错误终究会被克服。纯化的火焰燃烧我们，但会被烧去的不过是些草木碎屑，它只会带来净化和改进，实现高度的救济，展现神性之人的美丽。所谓的恶及混乱都只是作为一种条件存在，并非真实。条件和教育经验都有其目的，最终总要结束，而所有真理则是永恒的，因为它们是神性的。

益，俱各感发爱心以应之，虽有疑我害我之人，至此顿易其心[1]。盖凡有人疑害于我者，其根源在吾之心，我惟彼之是爱，则彼亦惟我之是爱，报施不爽毫厘[2]。夫爱力[3]大矣，人孰能知其限。能加人之力，天下几无不能做之事。人身虚心弱、四肢不仁等病，爱力一通，痼疾立起。电气能治病，能行舟车，能通消息，能化炼金类，可谓神矣，仿之爱力感动世人、化敌为友、化病为强之能，尚觉不如[4]。西经云耶稣有门徒，一名彼得，一名约翰，在大礼拜堂门遇见不能行动之人，则发重爱之心，令其人起，其人即一跳而起，行路如常，乐而赞美天父之恩不止[5]。至今常有爱力大者能成永不能成之事，此亦非异事，亦因天赐，止在人收用之而已。如电一物，自古有之，不过前不用而今用之耳。今世要事在有爱心，此心与天合，则身无不服，病无不治。其用法以通为贵，如电必用法通之，不接通路，无力能显人心之爱，亦必向外通发，则四周之人

---

[1]“虽有疑我害我之人，至此顿易其心”原文大意为：即使是那些看起来是你个人或非个人的敌人的，也不例外。

[2]原文无“盖凡有人疑害于我者”至“报施不爽毫厘”字句。

[3]爱力，原文作“love”，但傅兰雅曾经用“爱力”翻译“affinity”这一术语。这种译法应该是由傅兰雅所创，1902年，狄考文（C. W. Mateer）和赫士（W. M. Hayes）曾将传教士们对化学术语的翻译列成表格提交给中华教育会术语委员会，其中“Affinity”一行中，“Fryer”一列标明“爱力”，其他人则使用“化学力”“化力”“亲和力”等译法。“Hayes”一列虽然也标明“爱力”，但其后加了“F”的字样，大概说明赫士使用的这一译名来自傅兰雅。表格后的论述也提到，他们两人认为在affinity的译名中以傅兰雅博士的“爱力”最妥。见戴吉礼主编：《傅兰雅档案·第二卷》，桂林：广西师范大学出版社2010年版，第468、477页。

[4]“电气能治病”至“尚觉不如”字句为原文所无。上句的原文在描述爱的力量时用了“electric thrill”一词，可能傅兰雅受到这个词触动，产生了这样的感慨。

[5]见《使徒行传》3：1—8。

俱受其益[1]。

从以上之说可见医生之职分最大而重，但必依天然法治病方验。又必其心中先有一种极相爱之意，否则无论用何方法，难以愈病。而治人之酒瘾、鸦片瘾者尤以此为要。总之爱心亦为万物之公法，能引人心与天心合、众人之心合，转祸而为福也[2]。

治心免病法上卷终

[1]此处原文大意为：这奇妙的力量没有离开这世间，从未被神收回，只需要灵魂洁净如彼得和约翰的现代人来显现它。爱是伟大的、普遍的灵性引力法则，把神和他的全体造物联成和谐的整体，拭去所有的泪水，治疗所有的不幸。《仁学·仁学界说》：“仁以通为第一义。……通则必尊灵魂……”见谭嗣同著，蔡尚思、方行编：《谭嗣同全集》，北京：中华书局1981年版，1998年重印，第291页。可能受到了傅兰雅译文的影响。

[2]原文无本段，为傅兰雅所加。

治心免病法

卷下[1]

[1]卷下相当于原书的第二部分“理念暗示”（Ideal Suggestion）。

第六章　论治心诀要

此书所设之法，要将心中最高美之思念时常提起，令其常聚于心内不忘。则必编成最要口诀，便于学者记诵，此书下章所定之诀即此意也。诀中之意，俱为多年究考心力所得之公法。而明此法者为格致之至极，用此法者为为善之至高。其法自质体通至神灵之知觉层，其界极宽而无不和。明信者皆知其非有误人之事，只欲令人自主，和合万物而收用其力，以得大益，为万物之灵，成万物之主[1]而已。彼但究目前形体之事及不明此法、无以自主者，真如伏枥之马矣。夫近今格致家所考之事，俱属公法内之一小分，无形之事尚未究及，则仍归空虚，夫公法之大益于人者为无形之实力。

此书治病之法并无他故，全恃此隐而不显之力，令人

[1]成万物之主，原文作“assert our supremacy over the kingdoms of our rigntful dominion”即“维护我们对自己正当主权的至高权力”。从原书其他地方的表述来看，作者认为万物都是神性的具现，并不认为人凌驾于万物，为万物之主，这里所说的“正当主权”指的应该是灵魂对肉体的主权，而傅兰雅的译文体现的则是传统的观念。谭嗣同批评西教：“西人言灵魂，亦有不尽然也。同一大圆性海，各得一小分，禀之以为人、为动物、为植物、为金石、为沙砾水土、为屎溺。乃谓惟人有灵魂，物皆无之，此固不然矣。”见谭嗣同著，蔡尚思、方行编：《谭嗣同全集》，北京：中华书局1981年版，1998年重印，第310页。谭的批评与原书的思想是比较接近的。

明之用之。故其法必贵简便，即孩童亦能明之。但观此书者不可以为有此书、学此法，则医生及传教[1]等事概可去之不用，又不可以此书能代医生。盖无论何病，原应商于明此法之医，请其施方，或不效则用此书为要，盖此书之意不过附于医道之后，助之而不阻之也。又其理与法毫无有碍于人，亦不须费钱置器购药，是最宜于家常之用，止须择安静之所自为之，可得其益。又人之大半全恃药料治病已惯，不用则不安心，遇此种人，一面用药，一面照用此书之法，亦可渐得其益，久之则不用药。如登高山，初上，见百步之远，其后每高一丈，所见更远，愈高至巅，则四顾天涯山川形势，迥非初上时意想所及。故今各国人之信服者少，必渐步上升，及山之巅，则初时疑信参半者至此心力大显，得其全益，欲止不能矣[2]。其所用者不过纸墨，然与画念符咒等误事难比。惟不感动人心、通入心内，则虽将各诀要背诵如流，亦但存于记性，毫无功力。盖记性犹属外皮之事，而兹之所欲感动者比此更深也。然世必有人甚轻此法而笑，以为区区弱力，何足以胜强敌，而不知万物中本有以弱胜强之事，岂止此一端，况其强弱亦因人心为定[3]。

[1]医生及传教，原文作“the living healer and teacher”，即活的治疗者和教师。原文本意应该是特指新思想运动的治疗者和教师，并非泛指医生、传教。

[2]原文无“及山之巅”至“欲止不能矣”字句。

[3]本句原文大意为：直觉能力更为高深，更有神性，它的发展具有最大的实践上的重要性。许多人已经发现，他们的立足点被提升到更高，看到了更为宏伟的景象，而所用的方法看起来是如此的简单、不完备。“神……拣选了世上（看起来）软弱的，叫那强壮的羞愧。”出自《哥林多前书》1：27，为照应上文，乌特亨利加了“看起来”三字。

如人已考知人身心有相关[1]，则此书之诀要易明，因无不合天然者。又其用功之法与人愿成事之心相配，况与格致、教派[2]、国政无不相和，故不能招人之厌妒。

今格致家以勤考形体之事物为止功，然形体之显者已为应验[3]，而非根源矣。故以常法治病，暂止则以为全愈，病根不除，则如灭火仅灭烟耳。近知微生物之为害于身，则用法杀之，而不究其源，愈杀愈生。夫物各有源，比如交仗轰放枪炮，铅弹横飞，杀人成群，而杀此群人之错并不在铅弹，又不在火药，又不在执枪放炮之兵丁，其错之源乃在国王与将相心中所发一点怨怒、贪欲之思念而已。

各人身内必显其本人思念之误并人类思念之误，各误相合，则成危病。欲去其病，先除其误，欲除其误，必考其源。荆棘满田，稻禾无收，[4]此为西经数指明之理。

此书原意欲人免病，此外尚有更高大之意，即令人心力长大。剖除各难，启发真心，感动神灵[5]，令大知觉而显现，好善厌恶，爱人如己，总之则令人心与中所有之天心相显为人主，天人合一而收父子相和之益为是书大意。

近各西国有一新法，为医生及格致家费心考究而仅

---

[1]身心有相关，原文大意为：灵性和精神科学的法则与人的完整之间的联系，逻辑，以及“暗示”的合理性。

[2]教派，原文作“practical religion”，即实践宗教。

[3]形体之显者已为应验，原文作“its conventional scope does not extend beyond the boundaries of mere phenomena”，即（科学的）传统视野无法超出现象的界限。

[4]《马太福音》7：16，和合本译为：荆棘上岂能摘葡萄呢？蒺藜里岂能摘无花果呢？

[5]真心，原文作“spiritual ego”，即灵性自我；神灵，原文作“spiritual consciousness”，即灵性意识。

得其一小分，即以之为治病法者，即前所云志大之人能感动志小者，令其无不服从之事。如以吾心附于彼身，其重者能令人昏睡不醒。但能用此法者少，而能受其感动者亦少。[1]凡人闻此法，莫不以为甚奇，格致家不能实言其理。有多人以为有害于人，欲驳阻之，禁人试用。因用此法者为善人，不过令人暂时为其奴使，如为恶人，则可乱用其法，有大害于众，而志小者亦易受感动之病，则此法一行，凡弱者受累无穷矣。格致家因此法与众大有相关，故欲详究其所以然之故，然而终亦不能当为治病之公法也，其故因心力愈长，则志愈大，而此法愈不效，故已能治心之人则毫无可畏，止有尚未信服此治心法者能受害亦未可知，此书不必详论。惟内有一事为要，而为医家尚未理会者，即凡人行事之源不在身而在心，如右所言。志大者即心力大之人也，志小者即心力小者也。志大者可以感动人身，令其行事颠乱，着火不热，受痛为乐。然则人心力大可以制服自身，更可以制服他人之身，惟我心之所欲为，而心力小则不能自制其身，而反受服于人心[2]。虽其所用之法流弊甚多，与此书所云大有纯杂之别，然亦足以见人身之服于心，心力之不可缺矣。

---

[1]“近各西国有一新法”至“而能受其感动者亦少”三句原文大意为：催眠暗示（hypnotic suggestion）作为一种温和的催眠术，不会导致出神或深度睡眠等，在一定程度上可以用于治疗目的。

[2]“志大者即心力大之人”至“而反受服于人心”三句原文大意为：它表明思想才是所有潜能、感觉和行动的基础，而身体只是受思想控制的工具。在催眠的影响下，身体的感觉错乱，会接受荒谬和错误的印象。纯净的泉水会被当成毒药，热会被当成冷，黑会被当成白，身体的功能被悬置，疼痛也会带来快感，实际上，几乎没有什么是太过分而不能实现的。传统的生理原因理论被完全否定，无法找到任何证据来支持药物通过化学反应作用于人体而治病的假设。

此书所设法但与天心有相关，不能与其他身心之法相混。而用法者必预明其益，甘心用之行。是医者不可误将己心之意装于病者之心，故必专考此法至深极妙，不求利己，但愿益人，则能收效矣[1]。其他治心法不误者少，惟此书法只有本人之心与天心在其内，故不能乱之。

又用此法可恃本力，不必借助于人，似人之行走恃其两腿足矣。已治心感动神灵之知觉，则进益不必他求，盖本得于本心，非人代得之。求水之净，求之于源自胜于流，凡心之思念俱依天父为发源，径得之，自必不浊，必胜于流过他人心者也。又此法能令人心与天心紧连，久则无能离之。

各种脑筋病、旧病用此诀要最为便宜[2]。又无论何故人不能自主，服酒与鸦片等为主，则真心用此法无不能戒绝者。因其权无界限，病与瘾虽已久年，亦无不治[3]。其初人似为铁锁不得脱，久用此法不但脱身，而一生前后相反，更新变故。但治此种病有一事为要，必本人自愿戒绝也。然难得有此愿者，或暂而不久，若世之人真心发出愿意，培养长足，则定可以救一切之病[4]。

世有多人虽不用烟酒等坏料，但心中另有病，故不能自主，如胆怯、心闷、怨怒、贪欲等事，用此法治之，不但能愈，并永不发。

---

[1]“是医者不可误将己心之意装于病者之心”至“则能收效矣”字句为原文所无。

[2]脑筋病、旧病，原文作“nervous and chronic disorders”即神经疾病和慢性病。便宜，方便，合宜。

[3]“又无论何故人不能自主”至“亦无不治”字句为原文所无。

[4]本句原文大意为：然而这种愿望是潜藏于每个人之中的，即便只有个不起眼的发端，它也会在细心栽培下很快成长起来。

此法所恃为天理，天理永不改变，因天无不能也，故此法之力亦无界限。人愈照此诀中意操练，愈觉以上所言之病渐开让路，令吾能过。此书真而有据，如算学题，不信，可当面列数推算之[1]。

然有人驳曰：各教原欲劝人为善，法虽不同，如信用之亦应得益，何必另立新法？则答之曰：各教其久有数百千年，其盛几遍各洲，然至今恶人多而善人少，病人多而完人少，亦可见各教有不能至之界，名不副其实。其故有数，一，其法不合于格致，非万物之公法；二，所求之乐必待至死后得之，心中所盼望者不能当为已得；三，令众人以善恶两者俱为实事；四，以为万物内俱有恶神恶鬼，有力害人，故人必畏之敬之，即天父亦有时为其阻挠，致办事为难[2]。凡此俱为各教大弊，不免有欺人之意矣。夫恶者善之反，如电有正副，气有冷热，热少则冷，冷少则热，不过空气之变腾，而善人恶少，恶人善少，俱论外[3]。见之性情与天心离合之远近，而不当视为实事，如心之可以攻治，愈攻则愈加其力。故有年轻人著书立说，口讲指画，劝善攻恶，是皆在虚处实做，无益有损。

如饮酒、吸鸦片[4]已成瘾者，则教士与亲朋贱而怜之，讽劝之，责詈之，令其日夜不能忘，则不但不除其瘾，反因气不平而加甚于前，其误事甚矣。凡人有下等性情，不应提及，不可当为实事，只应用法感动其心。如必用言，则只说其心之德行当为善人，则其人心中最为难

---

[1]原文无“不信，可当面列数推算之”字句。

[2]第四条原文大意为：它们是消极的而非积极的，因此没有实效。

[3]“凡此俱为各教大弊”至“俱论外”两句为原文所无。

[4]原文无“吸鸦片”字句。

过，必尽力做成善人，否则亦照人所定之式成为恶人。故为之亲朋者，应于心内定志，令其人改恶为善，而以爱敬待之，则其心感动，心必得力，恶必避远。然则病有加者，亲朋当任其错之大分[1]。

常人以恶为实事，设法与之相争，愈争而愈炽之。今各国渐有人醒悟，惟尚未得合用之法。

如欲胜身世所有之恶，必将各种善事善念装满心房，致心中毫无空隙，恶无聚集之处，则渐化为无。反之则恶盛善衰[2]。

此书出传，于作者毫无财利，亦不行医，售书余利亦归人得。所以乐为之者，以己已信服，亦欲世人信服之，己已得益，亦欲世人得益之，无他意也。若因疑驳者众，遂不敢印行问世，是则为余之大过，盖畏人而不敢直道，亦可为自不信法之据，故不敢终秘之也。

---

[1]本段原文是以如何对待有酒瘾者为例，继续批评以祛邪来扶正的做法，批判传统宗教的超自然主义和非科学的倾向，强调正面、积极思想的重要性，与傅兰雅的译文主旨不同。但傅兰雅的译文也很有道理。

[2]这里的说法与谭嗣同“见一用机之人，先去乎自己机心，重发一慈悲之念，自能不觉人之有机。人之机为我忘，亦必能自忘；无召之者，自不来也”的说法颇有相通之处。见谭嗣同著，蔡尚思、方行编：《谭嗣同全集》，北京：中华书局1981年版，1998年重印，第357页。

第七章　治心诀要并说与用法

用此诀要有七事为要，兹先一一言之[1]。

一、每天必定安静无事之时，独一人到安静房内，在安静无声中养息。

二、或坐便椅，或卧床上，令身安静，不出力，大呼吸气数分时，令百体全松，则心亦似放松，能收所应收之念，而发所应发之思，令其四散。断不可想外事[2]。

三、五官之知觉亦必断之，无论有何病恶，断不可想起。

四、将诀要[3]字样细看一次，令其意思流满心内，再将其说[4]详念数次，亦令流满心内，再将诀要大字样置稍远处正眼看之，略十分至二十分时为止，不但五官之眼看之，心中之眼亦须看正。

五、闭眼二三十分时，而但用心眼看字样，令其意遍通百体，至觉满足为止。

---

[1]这里给出的灵修方法还是基督宗教传统的灵修方法（如默想），但进入20世纪以后，灵性运动所采用的灵修方法就越来越多样化，更具实践性的南亚宗教（佛教、印度教）的灵修方法可能是最受青睐的，如瑜伽、禅定等。

[2]原文无“而发所应发之思，令其四散。断不可想外事”字句。

[3]诀要，原文作“suggestion”，即暗示。

[4]说，原文作“meditation”，即默想。

六、不但每天一次用功，如夜中难睡，亦将此字样在心眼内看之，至睡为止。

七、身心之病久而重，初用此法不效，或其效暂而不久，亦不可失望废去。盖病久，用法亦可久，每日一诀，共二十七诀[1]，轮流看之，周而复始，如是者数四，则必得法，以后即暂时用之亦可。如心中能得其意，则身必服而显出此意，非符画虚理，乃天然之法。

天父无不在[2]

天人原不能分，只因人心不明，则误以为人与天相离无关，因此不但心中少乐，而身易有病。夫万物变化不过为天父显现，令人五官知觉之，如心之显于身体行为，同理也。故万物变化全恃天父之能力，万物内无一质点无天父在其中管理之，而人亦为万物内之一物，故天父亦必在其体质内，所显之行为气力全恃天父而有之。而人心亦为万物内之一物，但与有形体者不同，而为高一层者，故必亦有天父在其内。然则无论身与心恒与天父相切近，不能离，一离则灭没矣。但常人心昧思乱，虽有天父在其内而不觉之，间有所显，似无病，而其心昏蔽，不通天父之光[3]。故改正之法第一要事必觉心内身外万事万物莫不有天父在焉，则所有不合之弊病不能当天父之光而奔避。故天父无不在五字由目通心，刻入心内，永不忘记，则第一

[1]原文只有二十五条诀要，傅兰雅添加了两条，并调整了诀要的排序，从而改变了诀要原文的逻辑思路，使之看起来与基督宗教思想比较接近。在内容上傅兰雅也做了许多修饰，但还是看得出有与基督宗教思想不同的地方。

[2]这条诀要，原文作“God is here”。

[3]“夫万物变化不过为天父显现”至“不通天父之光”五句，原文与傅兰雅的译文含义有所不同，大意是论述精神为实体，精神应当接受神性的和谐，把自我意识改换为神性意识。

层功夫成就矣。

天父无不知[1]

万物之知识俱天父之知识，然人五官之所及已属天父知识无穷小之一分耳。盖天父知识其大无穷，无法能量度，比较之自极微以至极大，极蠢以至极灵。生杀长养，动定聚散，天父之知识固无不在其中。即推而论之，未开天地以前，无论若干万万年，天父亦有此知识。万物尚未创造以前，而各物之形性亦预知而预定之。即未来之若干万万年，所有万物之变化消长，天父亦已全知而预定之。夫人之知识本自无限，以今人较于古百年或千年之人，其知识已大倍蓰，将来更进无穷，然终不能与天父比。知识，天父极喜与诸人者，人若饥渴求之，无不有进益者。人当思我自出世至今所有思念、言语、行为，无论密室露天、为善为恶，概为天父通知，永记今日心中有去恶改善之诚，天父亦必无不知，助我使成云云。故天父无不知五字亦当由目通心。

天父无不能[2]

凡人所能之事在各时有各界限，婴孩不能行，渐长而能之，身力或不足，渐练而倍增之，然无论有形之身、无形之心，究有定界，可臻而不可逾也。有不得界限之而无不能者，其惟天父之力乎？凡人心思所及而力不能者，天父无不能之，然即人心思所及以比天父之能乃为无穷小之

---

[1]原文无此条诀要。

[2]原文无此条诀要。傅兰雅所加的这两条诀要带有基督宗教色彩，可能是他为了冲淡本书的灵性运动色彩而撰写的。另外，傅兰雅虽然较早地与差会脱离了关系，但他一直抱有在中国传教的愿望，在书中宣扬一下基督宗教教义大概也有想为传教做一点辅助工作的意思。

一分而已。夫人有能力，每不肯用之，不用于己则己不得益，不用于众则众不得益。惟天父既有无不能之力，又有无不肯之心，苟为善事，求无不应，有不应者，必在其人心之不诚，而毫不在天父。故凡发出心愿要戒酒与鸦片等瘾，或改恶为善等事，如恃本身之能力，不足恃也，恃医药之巧法，不足恃也，足恃者惟天父无不能之力，而在我诚心求之而已矣。诚哉，天父无不能，凡为天父子，亦俱无不能。

天父为我命[1]

万物莫不有生命，而生命莫不由天父之生命[2]得之，但人五官知觉之界限极小，故视一己之生命甚轻，以为与天父、与万物无相关，而不知其实则合而为一也。惟其不知，故天父所与之生命难得流通直入心内，于是瘠弱、疲软、夭病随之。夫人之生命直从天父通连而得之，毫无间歇。人身赖肉心喷血遍流百体，得以行职，天父亦喷生命遍通人心以及万物。故世界者一天父生命之世界而已，永千万年终无减缺。万物变化，生命无间；万物灭亡，生命不死。盖生命有高下之别，心之生命其品高，血肉之生命其品下。人人能知养血肉之生命，而心之生命则不知养之，是习近而遗远也。夫养血肉之生命以食物养，养心之生命即以心。心心对天，大启心门，请天父生命直入我心，则速迟必得，既得之后可以免病，可以永生。盖天本无病，天本永生，我为天子，必如天也。

---

[1]原文中，该诀要排第三，原文作“God is my life.”。

[2]天父之生命，原文作“the Universal Life”，在新思想运动中是相当于God的一个词语。

天父在我心[1]

身者心之宫，而心者天父之殿也。人莫不有心，则人莫不有天父在其内，其行动无声，其出入无迹，五官之目不能见，五官之耳不能闻焉。然而天父有一时一息离我心乎？盖无有也。或曰，天父在我心矣，然我身之病依然而发，发而不愈者何也？则亦有故，盖天父固无所不在者也，然人受其益，则心必先居之而亲之，而后其益大显也。血肉之身，常人皆知贵惜矣，有食焉饮焉以充饥渴，有裘焉葛焉以调寒暑，有房屋以蔽风雨，有舟车以代行路，所以为身者至矣。然而禽兽岂尽无此智能，人若仅知此数端而已，是何以自别于禽兽之域哉？故人当贵惜其心如贵惜其身而百倍之，使天父居之而安乐之，则所求于身之福而身无不应，所求于心之福而心无不得。盖心本所以为天父之殿，而人每不知居之而亲之也，知天父之在我心，尚有何求而不得。[2]

我为天父子[3]

生我者父母，此身体之父母，而心之父母即天是也。

---

[1]原文中，该诀要排第四，原文作“Christ is within.”。

[2]本段原文大意为：基督是对理想的神圣之人的称呼，他代表了曾在耶稣身上展现出来过的模范，人潜藏于内心深处最高深的意识就是基督。他本来就在我们之中，但只要我们认为肉体才是我们自己，他就不会被发觉。当我们认识到真正的灵性自我时，才能找到他。基督的血代表着秘密的品质与特性，不是死亡，而是生命。复活就是将意识从身体层面提升到灵性层面。“基督的思想”就是人类的救世主。它与罪、混乱、死亡无缘，它显示出原来只是隐藏的完美与神性。当我们具现基督的思想时，我们就成了“神之子”。通过基督我们把低层的自我钉上十字架，通过受难变得完美。我们从必死性的墓穴中站起来，摆脱它的错误和堕落。基督的思想给予我们控制人体感觉到的种种梦幻的主权。它打破束缚，释放我们，它治疗、恢复、鼓舞并使一切和谐。以其之名，因其之力，我已获治愈。我全然好了。本段内容与基督宗教教义相去较远，傅兰雅将本段全部改写。

[3]原文中，该诀要排第十五，原文作“I am God’s child.”。

而心贵于身，故天父之子较之本父母之子更为贵重。既以天为父，则天父一切有益之事亦归于我所应得，盖父母藏宝不与子女分之，共向其利，亦不合理也。天父重爱世人，无论世人爱天父与否，天父终不稍变，其爱仍当为子极，用其耐心，待其自改，如世间父母之待浪子归家者。但常人错观其事，见己心之不顺天，又见他人之不善，以为人心本恶，终不能天父和，反谓天父恒有发怒之意，故欲免其怒而求其喜，必将己身刻苦，吃素念经，烧香出家，终不明我乃天父之子，天之爱我甚于父母。又守五伦之说者而忘天与人最大之一伦，其伦更要于父子之伦也。西经所说耶稣传道，即欲显明此意，故数语之中必将我父二字常提出之。即古今各国圣人之道归究处亦即此意，但其说法不同耳[1]。

静心听天语[2]

人应时至安静之所或室中，打扫心地，辟去世上浮虚之事，心内之耳勉力静听，所闻为极细极小之声音，即天父与人之讲谈也。此时一心可当至圣之地，因天心与人心在此相遇谈。而天像显明，当面查审本人所作之事，分其善恶而赏罚之，人当在此时此处发出心愿，立志去恶取善[3]。初听天语，似大可畏，此畏乃身惮改过之故。天语实无可畏，反有大益，愈听则小声放大，不费力，不虑听

[1]本段原文的意思在傅兰雅的这段译文中有所体现，如神与人（原文所说的人实际上是指隐于人之中的基督，也就是真正的自我）为父子，人不应轻视自己等。但译文大部分与原文意思不同，带有基督宗教色彩，还有对佛教修行和儒家伦理的批评，原文没有这些内容。

[2]原文中，该诀要排第十七，原文作“I listen.”。

[3]本句原文大意为：神的判决就在人的灵魂正中，神的形象在那里显明。那里就是基督意识诞生的“马厩”，而外部的不和谐不过是厩中的牲畜罢了。

误，至此心与天通，身登天国，百病全消，获益无穷[1]。西经云前有一圣人，名以利亚，立在山上，心要与天父相语，先有烈风大作，崩山碎石，但天言不在其中；风后有大地震、大响，而天言亦不在其中；后有烈火，光亮非常，而天言亦不在其中，但之后有微小声音，而此声与以利亚相谈，指示其所应行之事。故人在安静之所可与天相语，而问事细心用法，天语必明[2]。

天爱满我心[3]

万物中所显相爱之情亦为天父所与，盖天父不但为人所可爱，而实为一切可爱之发源，凡有生命之物，天父无不爱者，而亦无不受天父之爱以生以养者。如地球以及日月星辰之往来运行，无不收发吸力以相维系，而爱者乃为天人相合、万物相与之一种吸力也[4]。又如人身赖呼吸空气以度日，然生长于空气，几不知有空气矣。故常人居住于天父之爱中，亦若忘之。夫天父之爱，其功足以补身之力，驱身之病，爱由此进，则病由彼出，两不相容。故一通天父之爱，满藏我心，则心与身并受其感动，以至善为

[1]“初听天语”至“获益无穷”两句为原文所无。原文引用《路加福音》17：20—21：“神的国来到，不是眼所能见的。人也不得说：‘看哪，在这里！看哪，在那里！’因为神的国就在你们心里。”来说明神与人的统一，神的国在人心中，并指出神的国包含完全、和谐和健康。

[2]以利亚的故事见《列王纪上》19：11—18。本段最后一句原文大意为：当我们感觉到神的存在，我们会将他的美丽与完全铭刻在心。

[3]原文中，该诀要排第二，原文作“Divine love fills me.”。

[4]“如地球以及日月星辰之往来运行”至“万物相与之一种吸力也”字句为原文所无。谭嗣同《仁学》：不爱断而爱亦断者何？有所爱有所不爱故。譬诸吸力焉：必上下四方，齐力并举，敌引适均，无所偏倚，然后日星于中运，大地于中举，万类于中生。……夫吸力即爱力之异名也。善用爱者，所以贵兼爱矣。谭嗣同这段话显然受到傅兰雅这几句话的影响。见谭嗣同著，蔡尚思、方行编：《谭嗣同全集》，北京：中华书局1981年版，1998年重印，第302—303页。

宅心，以尽职为行乐，五官灵利，血脉流通，寒疾使暖，热疾使凉，食物消化速而所变皆美血，夜不睡者令易睡，弱者变强，瘦者变肥而发红色，眼放明光。总之天父之爱于身心各病无不能治者，天爱满我心则疾病何从生[1]。

心实体为虚[2]

天父本无形而为极灵，而人为天之子，亦必当为无形而极灵。以有形而蠢者为实，无形而灵者为虚，此常人之情，而不知其理实相反。夫天创造万物，不过为显其灵与思念，人身亦不过为显其心之灵与思念，然则心之与体孰为虚乎，孰为实乎？五官知觉界限内之物不能无改变，倏忽更迁，今有昨无。惟心则不然，不论形之大小，不问地之远近，不分时之古今，前如此，今如此，将来无穷年亦如此。天不变，心亦不变。其灵足以生百体，其力足以行万事，生热生光，先显于本身，继通于四周之人，而亦可以存至于无穷之年，令天下万世之人叨其益惠。然则心之与体又孰为虚乎，孰为实乎？夫治身不足以免病，而朝存夕亡，施功徒然，虚者不足恃也。治心而一切苦病皆免，

[1]本段原文大意为：神就是无私的大爱，这爱渗透到所有的灵魂之中。它形成广阔的思想气氛包围我们，鼓舞生命，传输活力。爱驱散恐惧。爱的思想信息向周围发散，会获得甜美的回应，就像光在镜子之间反射一样。爱若进驻心中，与爱相反的意识就会消失，爱只会看见善。思想就是万物，而爱是思想的职务。如果我们爱万物，万物也会爱我们。爱会使我们遭受的磨难和痛苦转化为对我们的教育。在其神圣的鼓舞下，日常工作会变为巡礼，虚弱会变为强壮。它震撼精神和身体，让我们的每根神经、每块肌肉都领受到福音。爱使人脸颊红润，目光明亮，促进消化，加速吸收，使感觉敏锐，将神的能量送到每根血管、每个组织。它让发烧者降温，提升生命力，驱散疲劳，使混乱变为有序。神圣的爱治愈一切病痛。在当今的灵修实践，特别是灵性治疗实践中，本段的内容仍然随处可见，而“正能量”之类的说法也与本段内容没有实质的区别。

[2]原文中，该诀要排第十一，原文作“Spirit is the only substance.”。

而此心永生无灭矣。明乎虚实之分，则知所轻重，而用功得其要领矣。

心我身非我[1]

为我者心，而非身也。故人当曰我为心，而不可曰我有心。我为心，心即我也；我有心，是心之外别有我矣。夫心之所以为我，亦永无变矣，今日之为我者此心，即将来无穷年之为我者亦此心也。舍心求我，是不将以身为我耶？夫身者，心所用之器而已。准绳刀锯，良工用之以成华厦，舍是固无以成也，然终不得谓准绳刀锯之用良工，而必曰良工用准绳刀锯以成事，易明之理也。惟身与心，其比亦然。凡身所显哀苦病痛、怯弱疲瘠以及死亡，人孰不深畏而欲远避之，然亦因其不明我之所以为我者之故耳。如其知之，则免是患难，其权固操之在我，不必畏避而彼方畏避之不遑也。盖是数者俱以显我心思念不正之弊而已，非有自为生长之权与力也。一正心而一切无不正者，心我身非我，我何求于外哉？[2]

身非我心我[3]

身者不过显心中思念所用之器具而已，故身非我而心实为我。我有生以来尚未自见，其我所见者为我之身，

[1]原文中，该诀要排第五，原文作“I am soul.”。

[2]原文在本段之后还有几句：真理是基督的思想在我之内。“我在他们里面，你在我里面。”（出自《约翰福音》17：23）意即，爱是贯穿我的神之感情。我的灵魂是受限制的神之生命，“天国”（和谐）在我之内。真正的我，或者说最深处的自我，不会生病、犯罪，也不会受苦，它是完美和不朽的。只有错误的、感官的自我是失调的，因此自觉的自我（conscious ego）必须搬离那里。恶的错觉是“魔鬼的把戏”，它会被基督的思想驱散。我的治愈是灵魂的神圣生命、健康、和谐、喜乐、和平自然而然地展现于外的结果。

[3]原文中，该诀要排第八，原文作“I am not body.”。

而身非我也。亦尚未见我之友朋，所见者为友朋之身，而身亦非我友朋也。我即心，心即我也，其他血肉之躯俱为我心所建造而成之。聚材集料，发为形像，仿其定法，并合质点排列之、相连之以成巧妙之身。与之脏腑，使能消化；与之五官，使能见闻；与之脑筋，使能知觉、行动、作事、建功立业。见者每归功于其身，而抑知其能力所发之处并不在有形之身，而实在无形之心。身有高下、大小、肥瘠、强弱、智愚之各大分别，俱因心为转移。故有人好酒与鸦片等事，亦必在身上显出，明眼人一见而知其心。但亦有未必即显，或至中年晚年而显，或至子孙而显，然终无不显，不过待好机会耳[1]。故身非我心我，身固受命于我者也。

主心休服身[2]

凡人自主，亦与天无不和。盖天父之意亦欲人之自主，惟不欲以身为主，而必以心为主。但人往往为身所管理，五官尤为凶暴，令人好酒与鸦片及一切有损无益之事，令人如拘囚于牢狱之中，永无出首之日，其困苦万状，死在目前。然此岂天父之原意哉，天父创造人、物，本皆有自得之乐，虽昆虫草木之贱，以及动植物之至微者亦莫不有其自得之乐，而况于人乎？盖人之受苦，并非天之所与，乃失其所主，而主其所不当为主者，故颠倒如此耳。当为主者心，而不当为主者身也。人既明身心之分

[1]“身有高下”至“不过待好机会耳”三句原文大意为：让我们抛弃骄傲，承认所有首要的原因都是发自于内心的。我们指责天气、水、空气、气候、通风、湿气、工作、寒冷、细菌、疟疾、传染病使我们生病，这些可能是诱因，但我们的感受性才是首要的、真正的原因。

[2]原文中，该诀要排第十二，原文作“I am free.”。

辨，则当深悔从前甘为奴才，侍服身体，自今以心为主，凡有酒与鸦片等瘾，概行割断，转使旧主为仆，听服新主之命，凡有正理，务必收入心内，令主人用之，其有乱与病，驱逐净尽，不使稍掌权柄。总之，我主心也，而非为身，一切当惟心之命是从[1]。

身当为我管[2]

万物有高下、烦简、贵贱等各分别，故可列为品次，凡高一层者则能管理低一层者，低一层者必服于高一层者，此亦定理。将人身与心相比，则谁不知心为高品，身为低品。夫动物俱有身，其身亦有性情，但无心能与天心相合，故远不如人矣[3]。凡人之心应管理其身，此为天之原意，如不能理而反为身所管理，则与天意相反。夫以心管身，则身心相配，最为合宜之器具，而身亦华美；如身管心则不久而变为暴虐之主，而心大受其累矣。故人不可不理此事，而重发明其管身之权。人必与身争高下，致身全服于心，而变旧化新。但此变化不能忽然成之，如农夫播谷，岂能不终日而收割乎？必待其种芽而苗，苗而花，花而实足，然后应时而获丰收，此同理也[4]。人为天父之子，管身，身应无不服者，只在自收其权而已耳。

我心愿洁净[5]

欲知人心之洁净，必先知天心之洁净，欲求人心之洁

[1]原文无“令人好酒与鸦片及一切有损无益之事”“凡有酒与鸦片等瘾，概行割断”字句。

[2]原文中，该诀要排第十九，原文作“I rule the body.”。

[3]“夫动物俱有身”至“故远不如人矣”字句为原文所无。

[4]“但此变化不能忽然成之”至“此同理也”两句为原文所无。

[5]原文中，该诀要排第十，原文作“I will: be thou clean.”。

净，必先信天心之洁净。夫天心岂有不洁净者哉？则其所造万物又岂有不洁净者哉？至于人之心则尤当为洁净无病者，盖洁净为天本心，亦为制造万物原意，故我心原为洁净。然亦有不洁净者，则非其原也，其能洁净与不能洁净之分，在一信字而已。信天心之原洁净，我心亦原洁净而为必不可少者，则此人之心必为洁净，如不信之，则因疑而误，因误而乱，因乱而病而死。盖信为洁净者则凡有患苦破之，而过绝无丝毫带累于心，如不信者则遇小难必用显微之镜观之，令放为极大，不敢过去，畏上高山，日就卑污，五官不灵，百病丛生。西经亦常称信为美德，其力足以排山，其发可以百中。然信不信尤在我心之愿不愿，苟愿改以前不洁净为洁净，即以今日为重生，则此人已深信人心原洁净，其洁净可立致。

我心和万物[1]

人居于万物之中，则与万物必有相关，而其相关之大小与要否亦各不同[2]。其相关之理似有一线，自我通至万物。其线恒有波动，如琴弦之动，如电线之震，而震动中有往复不断之理，无法能听之，但有法能管理之，令万物之意与或善或恶，服我之心以相应。故最远之恒星、行星，所有之人与事理俱与我有相关，我亦与之有相关，恒有来往之信息，而所发者能管理所回之信息，如用回光镜照面，貌如何，则镜回貌亦如何，在山谷中作响，则回声亦与响同。以此理推之，我发爱心，则回我亦为爱心，我发恨心，则回我亦为恨心。总之我待万物如何，则万物待

[1]原文中，该诀要排第十八，原文作“I make harmony.”。

[2]原文无“而其相关之大小与要否亦各不同”字句。

我亦如何。我善则善，我恶则恶，有爱自有和，有恨则不和，我心所发俱为爱人爱物之念，则四周成为和局，而我居于和中，和不但与万物并、众人和，亦因顺天而与天无不和，是和之大也。

同类合一心[1]

人类广矣，今已盛于古，后且更盛于今。然天之视人不分古今，又不分贫富贵贱，又无所喜爱于此而厌弃于彼。天心最公而宽，将全人类包合为一，我之有生非为我也，为人类而有之也。一人之升降，众人之升降也，一人之祸福，众人之祸福也。是故人也者，当合同类为一心，而不可以独善其身者也。有人好居深山穷谷之中，以为与人类之恶隔绝，则心易归正，不知此入魔道，果用此法，正心更难，因人不能与人类无相关也。如能之即与天父无相关，与天父相关者不能生。考人之福与乐，最大者不在收而在发，多收则心空，多发则天心常流满，别人由我心得益，则我心所得之益必更大，有善念而不发，则在心中转侧，无益于人，有损于己。夫天心公宽，有发无收，为之子者亦当如此，同类合一心，有害共祛，有福共享。

万福善者享[2]

何为善？人心与天心合而为一之为善。何为福？有形之体、无形之状、身外之物、身内之情无不与我心相和之为福。大凡物以类聚，气以类感，恶与祸邻，善与福亲，感应之理，毫发无爽。不然上智之人一心向善，无待

[1]原文中，该诀要排第六，原文作“I am part of a great whole.”。

[2]原文中，该诀要排第七，原文为：“All things are yours.”，出自《哥林多前书》3：21。

报施，中人以下，何以相劝？[1]天父故特畀善人以万福，身外所享犹不足，必使心内所有一切顺适之事亦全归善人享用，如光明、气力、和平、安乐、仁爱、洁净、坚壮、升发等是也。盖其福皆天父所享之福，天父之意造化万物以及人类，本愿以此福与共享之，故人一改为善，立享万福[2]。然天父之心最公，其视众庶俱如赤子，俱应享福。而有得之有不得之者，非天父有私而不与也，乃人心昏昧[3]者多，天父明明与之而自不肯受享之耳。然则得福得祸，各视我心之感召如何，心全善，福亦全至，发源俱在一心，其理最确而可恃。

凡恶我莫怕[4]

最善之心见善不见恶，盖无论何事何物，俱为天父所造，而本为尽善有益者。夫天无不在，万物乃以显天心，如有不善，则必因无天在也，夫岂有无天在者哉！西经云，天父眼洁净，故见善不见恶[5]。然则常人所见以为恶者，不过其心不洁而其目不净，故误谓有恶在事物内耳。是无恶者实也，有恶者误也。但此所误之恶于人身不为无益，盖所见万物俱善，则无以砺德行，无以发仁慈。如宝玉必经磨砺乃润泽而光明，恶者所以磨砺我身者也。然不必怕之，以其不实而易过也，是故至善者不见有恶也。苟有恶则不可有怕也，查病源大半在心内有怕，怕病、怕死、怕鬼、怕地狱，所怕者俱属空虚之意，而信为必真，

---

[1]“大凡物以类聚”至“何以相劝”两句为原文所无。

[2]本句原文大意为：所有这些都包含在神的应许和充实之中。

[3]人心昏昧，原文大意为：错把那些相反的、否定的东西当成真实的。

[4]原文中，该诀要排第九，原文作“I will fear no evil.”，出自《诗篇》23：4。

[5]《哈巴谷书》1：13，和合本译为：你眼目清洁不看邪僻。

则其各事乃为招致，而心因怕而虚，则让之使入，遂成疾病。西经所载耶稣训语则“莫怕”二字一页书中未尝无之，是非无意也。

身死我不死[1]

人畏死之故，因以身为人身，无则人无，故畏死者甚多。如能明身非我，心为我，心实体虚，则知心永无死，而身之死与不死，不当视为要事。常人专以身论之，故称为死，其实非死也，不过为变化内之一事而已。盖人心与天心，其间必有重帘隔间，人心在此，天心在彼，而推开此帘，令人心与天心相遇，则常人谓之死。如西经有圣人名包罗者尝云“我无日不死”[2]，此所云死乃为身内卑贱之情渐渐消去，而心中神灵之知觉渐长而茂盛也，凡有体质之物，时常改变而换新料，久之则归为原质而无形状，而五官之知觉亦不过为暂时显出生命之事，而不能耐久，故死者乃身质归原而五官休息之时，而与人心之长盛毫无阻碍，明此理者预备趁其机会令身改正，则死者乃由卑暗之室迁登高明之堂，安乐之不遑，又何畏焉？

疾病非无益[3]

心绪荒乱，体气烦懆，其苦难当。略得静息，则心谓病曰：“子胡为乎来哉？虐我令我受此苦乎？我好平安，不愿病也。”病答曰：“尔不识我耳。尔友之贤，无比于我，我行之职，大益于尔，何相仇耶？”心曰：“子来病我，令我受苦，何又以友朋相戏，不令我苦甚乎？请去

---

[1]原文中，该诀要排第十三，原文作“There is no death.”。

[2]《哥林多前书》15：31，和合本译为：我是天天冒死。“包罗”在前文中译为“保罗”。

[3]原文中，该诀要排第十六，原文作“Pain is friendly.”。

病。”答曰：“我貌似恶，行似虐，然我实品高而心慈，他日显见，尔终友我，以为受益。”心曰：“果尔，请问子职。”病答曰：“尔居危险，我来戒警，令就安适；尔入污泥，我来提挈，令登高洁。日夜相劝，尔不见听，我爱情深，坐视不忍。故今以针刺尔，令尔归正，尔服我，则见我之善，作为友朋，否则恶我，而我刺更深，是在尔一心之念而已。此理今可明乎？”心曰：“诺，我今而知尔职之为善，尔加苦于恶者，俾厌惧而归正，非尔则恶人无忌惮，而将更甚其恶矣。”病答曰：“子之答善，已明我职，必能按我之课而学有成，我今不复刺子，子所求安当自得之。”

治心亦格致[1]

格致之学兴，详考万物，穷其理法，有得则照其定序分列，成若干门类之学。其学由微而著，其理由粗而精。尝考上古之人以及生长野蛮者，非无格致，而所考之理甚少。其后文教愈兴，则格致之学愈盛而精详，至于今日，可谓盛矣，然而至犹未也，所得者与未得者尚远不及比。但其穷究有年，已得实据，有成效大验可以共见共闻者，已不止一端，人皆信之不疑[2]。而治心免病法尤为首要之端，乃人多疑之，等于符咒之术，可验可否，或明之或不得明之，皆自惑也。又寻常格致家不过论有形体之事与物，而无形体者则以为与格致无关，此亦为大误。夫论有形体者乃格致学入门之一小分功夫，其大而要者尤在于

[1]原文中，该诀要排第二十一，原文作“Mental healing is scientific.”。

[2]原文无从“其学由微而著”至“人皆信之不疑”字句。傅兰雅在中国从事翻译和科普工作多年，这段话应当是他自己的体会和感触。

治心之学焉，安得以自画如此也。行道者以远处之高塔为志，向之而步，虽远必至，此人所易明，治心为无可疑之格致亦犹是耳。

治心合西经[1]

西经分新旧约，旧约记录耶稣以前之事，新约论耶稣传道立教并教会所遇之事[2]。但无论新旧约俱谓身之病否以人心与天心之合否为根源，故耶稣分派门徒往各国传教，则吩咐传教与治病两事，连而不分。后徒乃弃耶稣所吩咐之法，而用教外人所重服药之法，试问其故，不能答也[3]。夫传教治病两事，大有相关，如物之有内有外也。查新约所叙，可为此说之证。若曰：我诚告尔等，我所行之事，信我者亦将行之，且大于此者，亦将行之[4]。又批云：可见此说无界限，不分前后俱能行此[5]。又吩咐门徒云：你传教时曰天国近矣，有病者医之，癞者洁之，死者复生之，邪鬼逐之，尔不费己之财，受之亦当不费人之财施之[6]。又云：信者有异迹从之，手能操蛇，饮毒无害，按手于病人而得愈[7]。可见新约原有治心免病法，从未提

[1]原文中，该诀要排第二十二，原文作“Healing is Biblical.”。

[2]“西经分新旧约”至“新约论耶稣传道立教并教会所遇之事”字句为原文所无。

[3]“后徒乃弃耶稣所吩咐之法”至“不能答也”字句为原文所无。

[4]《约翰福音》14：12，和合本译为：我实实在在地告诉你们：我所做的事，信我的人也要做；并且要做比这更大的事。

[5]“又批云”至“不分前后俱能行此”字句是乌特亨利在原文中对前引经文的评论。

[6]《马太福音》10：7—8，和合本译为：随走随传，说：“天国近了！”医治病人，叫死人复活，叫长大麻风的洁净，把鬼赶出去。你们白白地得来，也要白白地舍去。

[7]《马可福音》16：17—18，和合本译为：信的人必有神迹随着他们：就是奉我的名赶鬼，说新方言；手能拿蛇；若喝了什么毒物，也必不受害；手按病人，病人就必好了。

及药方，旧约亦多同此说，故曰治心合西经。

心治身即愈[1]

大匠建造屋宇，先定其方位，后定其形式，后定其尺寸，由粗而细，一一布置合宜，而后照此意念备料兴工，是其屋宇先于心内建造，而后从心内渐发于外，至事成而止。而天造万物与人亦若是，而人之一切行为亦莫不若是也。心内有天之像焉，天像全美而无病，收取材料以成形体。然心内既有此全美，用何法令其在身内显发乎？则有一法焉，必时思念此全美之意，而令此意与心相连，则必于身内显出全美而不能有病矣。夫身虽多病，心毫无病，心力一用则身病即愈，而一丝纹[2]、一织质，无处不能全美。故如遇身某处某体似有病痛，则心内可托天父之力，言明此病已退，百体坚壮。如病乱不忘于心，则必关闭心门，令此心想不进为要。如记性内尚有存留，亦必赶去，务令有美无恶，则心已治而身即刻全愈。

我望天路行[3]

查万物变化之源流，必从简而至烦，每若干时变成一新物，其灵巧包括以前各物而更胜之。试查各层土石，依其次第而化分之，其内所含动植物迹，易辨其以渐变化，由简至烦、由贱至贵之意，而变化至人，为今之极顶。人心内既有天心之形像，似乎变化已成，不必再加，然人岂已全变成哉！只能作为变至半途而已。夫世上之患苦疾病常多矣，俱因人尚未顺天，而心尚未与天心合一也，故有

[1]原文中，该诀要排第二十四，原文作“I am healed.”。

[2]丝纹，原文作“fibre”，即纤维组织。

[3]原文中，该诀要排第十四，原文作“I look upward.”。

此患苦疾病，不过为令人仰望而行天所开之路，一直至人类变化全成而止。近来各国善人俱有此望上行天路之意，而恶人尚未感动，仍向下行。然以古今相较，则人心喜善恶恶之念渐重，惟不能预知必若干年后方能全美，合天父之原意。凡各人应以各人之力助成此变化，已明其理，传与人知，此望上行天路之一大乐事也[1]。

天意本无病[2]

万物有天然之法，能令万物得大益、享大福。人之能受与不能受，其权则操之于己。凡无病为天然之事，有病则非天然，而为人身自主之事。万物为天父所创造，故无病必为天父之原意。查万物无不合天父之原意，而人生病则因不行天路而行私念所成之错路。天父创造万物俱在思念一动而成，而人创造之事物亦为思念一动而成者，如不合天然之法而动，则所成之事物能不有错乎？故将各病考其实源，必在本人或傍人错思之故，而并非天父之意也。人身为料所成，而其心无形无像无料，只有力，而其外之料必服其内心之力，听其为主。心身有此相关，自古至今

[1]本段原文大意为：我们在自己的意识中把握住的事物很快就会变成我们的所有物。将所有事物视为“正在形成中”的普遍进化论是伟大的现代灵感。环境、社会、政治、经济、道德、宗教都在变得越来越好，这种感觉从本质上就有着一种奇妙的治疗力量。暂时的、局部的、表面上的衰退不会影响到普遍的趋势。今日的不完美只是明天的踏脚石。与我们的想象相比，生活还要更丰富，爱还要更强有力，真理还要更美丽，自然还要更公平，音乐还要更悦耳，艺术还要更神圣。神永远比我们所能想象到的更美好。不会再有失败，悲观主义只是混乱梦幻的阴影。无限的智慧、秩序、远见、慈善将永恒地展现出来。我们正在通往“神的居所”的路上。对进化论的解释看上去全都杂乱无章。现在的不和谐未来将变为和谐。我们正被推向至高的理想，它包含着不论对个人还是对种族而言所有级层的完全。我要仰望。正如在前面的注释中说明过的，新思想运动的进化论是唯灵论性质的，这在本段原文中也有所体现。

[2]原文中，该诀要排第二十，原文作“Health is natural.”。

各国之人俱知之。故人生命之力本从心发，如要加增之，亦必从心。如用药料，只能感身已有之力，而非天然之法也。天然之法，治心而已，心治病免，盖天本欲人之无病也。

心诚求必得[1]

祷告一事乃为子与父通心内之意。如子出家在远处行业，亦必常寄书信回家，慰其父母，而未出家时，与父母朝夕相近，则心内之意更便于达。而天为无不在之父母，人心与天心相合，则不能不有意相达。如作应为之事，则心必在其所作事内，事毕则心仍归告于天父母[2]。凡祷告之上品，不求名利荣华，因天父爱人之心最重，已将世上最好之事备人取用，只在依法伸手取之而已。夫天永无变，故祷告之事如为求天改变万物之公法而与人以私，则此种祷告全归无用。盖一之则万物混沌，天不能因一人之私而令万物混沌，此理易明。凡实在变[3]祷告不在言语之多寡雅俗，全恃其意，虽无言语而有心愿，即是祷告。有人怠其四肢而求之，全恃天，不恃己，亦无益[4]。总之将人心恒举与天心相合，是心诚必得矣。

天人同全美[5]

俗云人为一小天地，此意乃谓人有心与身，而心身

[1]原文中，该诀要排第二十三，原文作“Prayer is answered.”。

[2]“如子出家在远处行业”至“事毕则心仍归告于天父母”三句为原文所无。

[3]变，应为衍文。

[4]上两句原文大意为：神所要求各个灵魂的只是祷告，人应该不停祈祷，无论祷告内容是否明智。人祈求的如果是物质层面的愿望，则得到的回报也是物质的，是不能令人满意的。真正的祈祷者应该以神性的力量来祈祷，这样就能获得神的祝福。每个祈求至善的祈祷者永远都有回报。

[5]原文中，该诀要排第二十五，原文作“Be ye therefore perfect.”。

之相关，与天与万物之相关同理故也。而天与万物全美，则人心与身亦应全美。今观人类似尚未变成，故多病弊，然不过功夫尚有欠缺，而其分数亦各人不同，最善者最近于成，最恶者最远于成。然不可因见多病而以为永不能成功。如天之原意，因成之权在各人自主，天父不强人以为善，其为善也为己之愿，如不愿，则其人如死尸之不能动作有益于己人之事矣。故西经常指出此种人当为已死，必设法令其复生，方能照天意为人。故我愿将以前身内所有之恶与乱与病概行辞却而葬埋之，令死绝不复记念，而将为善之心设法令其复活而永生，一转移间而为人类变化已成之人。凡天父所有之全美，而我皆有之，心心往来而不息，则为功夫之成也矣[1]。

治心免病法下卷终

[1]本段原文是以祷文的形式写作的，内容就是前面各条诀要的主要思想。傅兰雅的译文则是按照他自己的理解，对治心免病法诀要（包含他自己撰写的部分）的一个总结。